U0676610

本专著由以下项目资助：

教育部人文社会科学研究规划基金项目"三语习得视域下内地维吾尔族学生英语学习中的语用迁移研究"（16YJA740050）

2018 年度大连外国语大学学科建设专项经费资助项目

全国高校外语教学科研项目"三语习得中的语用迁移研究—以维吾尔族英语学习者请求言语行为为例"（2016LN0006B）

三语习得中的语用迁移研究

朱效惠 ◎ 著

中国社会科学出版社

图书在版编目（CIP）数据

三语习得中的语用迁移研究 / 朱效惠著. —北京：中国社会科学出版社，2019.11

ISBN 978 - 7 - 5203 - 5225 - 3

Ⅰ.①三… Ⅱ.①朱… Ⅲ.①英语－少数民族教育－教学研究－中国 Ⅳ.①H319.3

中国版本图书馆 CIP 数据核字（2019）第 216455 号

出 版 人	赵剑英
责任编辑	张 湉
责任校对	姜志菊
责任印制	李寡寡

出　　版	中国社会科学出版社
社　　址	北京鼓楼西大街甲 158 号
邮　　编	100720
网　　址	http://www.csspw.cn
发 行 部	010 - 84083685
门 市 部	010 - 84029450
经　　销	新华书店及其他书店

印　　刷	北京明恒达印务有限公司
装　　订	廊坊市广阳区广增装订厂
版　　次	2019 年 11 月第 1 版
印　　次	2019 年 11 月第 1 次印刷

开　　本	710 × 1000 1/16
印　　张	15.5
字　　数	201 千字
定　　价	78.00 元

凡购买中国社会科学出版社图书，如有质量问题请与本社营销中心联系调换
电话：010 - 84083683
版权所有　侵权必究

前　言

　　随着全球交往日益频繁，人们学习和使用多门语言的现象越发常见，由此三语习得逐渐成为研究的热点。近年来，国外三语习得研究快速发展，"三语习得和多语现象国际研讨会"的举办和《多语现象国际期刊》的刊发对三语习得研究的发展起到了推动作用。从国内来看，专门关注中国少数民族地区三语现象与三语教育模式的研讨会已举办多届，三语习得尤其是少数民族学生的英语教育教学越来越受到重视。

　　三语习得研究的一个重要内容是语言迁移研究。现有三语习得语言迁移研究中，对词汇和句法迁移方面的研究居多，而对语用迁移的研究则较为鲜见。本研究将三语习得语言迁移研究拓展到语用层面，以中国少数民族英语学习者为研究对象，旨在分析母语、汉语对其英语（三语）请求言语行为产生的影响，并探究三语水平与已习得语言迁移的关系。

　　研究对象共四组，其中三语组由内地高校维吾尔族英语学习者组成，另有三个对照组：维吾尔语本族语者组、汉语本族语者组和英语本族语者组。另外，三语组的调查对象根据其英语水平分为高水平组和低水平组。研究采用电子邮件写作任务和回顾性访谈收集数据，以 Blum-Kulka 等（1989）CCSARP 框架为基础，依据本研究构建的三语语用迁移判断标准，通过对三语组和对照组的比较，分析维吾尔语、汉语对维吾尔族英语学习者英语请求言语行为产生的影响，以及三语英语水平与已习得语言迁移的关系。

本研究的主要研究发现如下：（1）维吾尔族学生在用英语实施请求时，先前习得的两种语言—维吾尔语和汉语都对其英语请求言语行为产生了影响，其中汉语的影响相对较大。汉语影响更大是二语水平、近现率、语言环境及英语教师等因素共同作用的结果。（2）在三语水平与已习得语言迁移关系方面，高水平组、低水平组维吾尔族英语学习者均不同程度受已习得语言影响，其中低水平组受影响更大，维吾尔族学生的英语水平与已习得语言迁移基本呈负相关。

本研究丰富和发展了三语习得和语用迁移研究。目前三语语用迁移研究非常有限，且尚未有学习者三语水平与已习得语言语用迁移关系方面的研究。本研究为三语习得理论研究提供了新的视角，有助于更好地理解三语者语用迁移现象。同时，本研究构建了三语语用迁移判断标准。以往的语用迁移判定标准均是针对二语语用迁移提出的，且存在可操作性差及未能使用统计手段进行分析等不足；迄今没有三语语用迁移判定标准，本研究构建的判断标准对未来语用迁移研究尤其是三语语用迁移研究具有一定的参考价值。另外，本研究对我国少数民族学生的外语教育教学具有指导意义。随着内地支援培养少数民族人才协作计划的出台，少数民族学生的英语教育延伸到了内地，因此，对在内地学习的少数民族学生英语教学进行研究彰显其现实性和迫切性。本研究有助于了解少数民族学生的英语学习，为他们提供更加切合实际的理论及方法指导。

本专著基于我的博士研究，从博士研究到专著出版，一路上我得到了许多的支持与帮助。在专著即将出版之际，谨向给予我指导、帮助与关心的老师、同事、同学、朋友及家人表达我由衷的谢意。

感谢我的导师郑新民教授，以及上海外国语大学的师长们和同学们。博士研究的每一环节都凝聚着导师郑新民教授的智慧与心血。没有老师在学术思考与科研方法上的点拨，没有老师及时、细致的批阅以及富有建设性的指导意见，没有老师持续的鼓励与鞭策，就不会有这部专著的诞生。老师渊博的知识、敏锐的思维、开阔的视野、严谨的治学为我树立了典范。感谢上海外国语大学李维屏教授、虞建华教授、许余龙教授、陈坚林教授、张健教授、俞东明教授、梅德明教授、史志康教授、柴明颎教授和王雪梅教授，亲耳聆听他们的授课与指导受益良多。感谢上海外国语大学"郑新民教授学术团队"给我家人般的温暖与支持，感谢王玉山、徐忆、孙钦美、宁强、应洁琼、景飞龙、徐斌在各个方面给予我的热忱帮助。

感谢大连外国语大学英语学院的各位领导、同事们和学生们。赵永青教授、常俊跃教授、刘风光教授给予我极大的支持，多年来一直关心我的研究进展情况，他们的关心与期冀令我感动。感谢我的同事吕春媚、夏洋、孙鑫、林璐在研究设计和专著撰写阶段给予我无私的帮助和真诚的鼓励。感谢我的学生刘小华、刘诗宇、买孜热木·阿不力孜、袁欣、彭瑶、邵云、张丽、唯娜·亚力坤等为本研究付出的辛勤劳动。

感谢卢加伟、杨仙菊、刘绍忠、苏怡茹、刘惠萍、王晓彤、文华俊、刘宏刚、许宏晨等诸位专家、学者为我答疑解惑。感谢贾金平老师、周世界老师在统计分析方面给予我的指导与帮助。感谢新疆农业大学提拉比·衣比甫老师、新疆大学买尔艾比拜尔·牙合甫老师为我解答有关维吾尔语语言方面的问题。感谢艾尔夏提在维吾尔语翻译方面提供的帮助。

感谢参与本研究的所有调查对象。没有他们的积极配合，本研究则成无源之水，难以成行。另外，我还要感谢帮助我联系调查对象、协助我收集数据的多位老师、朋友及学生们，他们是：James Wang、魏亚丽、于红梅、郭茁苹、何帆、范连颖、帕丽黛姆·图尔迪、艾尔帕提·艾力肯。

感谢我的家人。感谢父母的培养，感谢公婆的支持。感谢我的爱人，谢谢他多年来为支持我的研究所付出的牺牲和辛劳。感谢我的儿子，他自立、懂事，使我有更多的时间潜心研究。

最后，感谢中国社会科学出版社张湉、李平等老师为本专著的出版所付出的辛勤劳动。由于本人学识和能力有限，书中恐有疏漏之处，恳请各位专家和学者批评指正。

朱效惠

大连外国语大学

2019 年 10 月

目　　录

第一章 绪论

第一节 研究背景

随着全球交往日益频繁，人们学习和使用多门语言的现象越发常见，由此一个新兴研究领域，即三语习得，引起语言学家的广泛关注，逐渐成为研究的热点。尽管学界目前对"三语"尚未有清晰的界定，但多数学者认为"三语"并非指某一特定语言，而是指学习者在母语和第一非母语语言之后习得的一种或多种语言的总称（如Fouser, 1995b, 2001；Hufeisen, 2004；Jordá, 2005）。

近二十年来，国外三语习得研究快速发展。每两年一次的"三语习得和多语现象国际研讨会"迄今已举办十届，专门针对三语习得和多语现象的《多语现象国际期刊》也于2004年刊发。有关三语习得的论文集已出版多部（如Cenoz & Genesee, 1998；Cenoz & Jessner, 2000；Cenoz et al., 2001, 2003；Hammarberg, 2009；Leung, 2009；Amaro et al., 2012；Gabrys-Barker, 2012；Gorter et al., 2016；Angelovska & Hahn, 2017）。另有数部专著问世（如Jordá, 2005；Jessner, 2006；Simsek, 2006；De Angelis, 2007）。所有这些研究都对国外三语习得研究的发展起到了推动作用。

从已有研究来看，国外三语习得研究多是从社会、教育、认知和心理语言学等视角展开，涉及了三语习得中的语言迁移、三语 / 多语教育、双语对认知发展和三语习得过程的影响、多语模式、三语习得与普遍语法等方面（见表 1.1）：

表 1.1　　　　　　　　　国外三语习得研究内容

研究内容	代表性研究
三语习得中的语言迁移	Williams & Hammarberg, 1998; Hufeisen, 2000; Cenoz *et al.*, 2001; Llama *et al.*, 2010; Rothman, 2011, 2015; Gabrys-Barker, 2012; Sanchez, 2015; Fallah *et al.*, 2016; Onishi , 2016; Sypiańska, 2016; Amaro, 2017; Angelovska & Hahn, 2017
三语 / 多语教育	Cenoz & Lindsay, 1994; Cenoz & Genesee, 1998; Cenoz & Jessner, 2000; Ytsma, 2000; Gorter *et al.*, 2016
双语对认知发展和三语习得过程的影响	Ringbom, 1987; Jordá, 2005; De Angelis, 2007
多语模式	Grosjean, 2001; De Bot, 2004
三语习得与普遍语法	Leung, 2009

国外三语习得的研究对象主要包含两种类型：一种是学习者在掌握第一、第二门欧洲主要语言基础上再学习第三门语言；另一种是一些国家(如西班牙)的少数民族自治地区(如巴斯克、加泰罗尼亚)学习者在掌握第一语言 (即少数民族语言) 和第二语言 (如西班牙语)后再学习第三门语言。研究所涉及的语言包括英语、法语、丹麦语、西班牙语等印欧语系以及非印欧语系，例如汉语、韩语、日语以及少数民族语言等 30 多种（曾丽，2011b）。

受国外三语习得研究的影响，国内三语习得研究近十年来也逐渐开展起来，并取得了一定成果。从 2006 年开始陆续出现对国外三语习得引介的文章（如刘承宇、谢翠平，2006；朱效惠，2008；雷蕾，2010；袁庆玲，2010；曾丽、李力，2010；常辉，2012）。外语类核心期刊《外语与外语教学》2010 年第二期首次开辟了"三语习得研究"

专栏，刊登了三篇三语习得方向研究论文（如蔡凤珍、杨忠，2010；曾丽、李力，2010；朱效惠、赵忠德，2010）。目前，国内已有以"三语习得"为主题的博士论文（如曾丽，2010；蔡凤珍，2012；刘惠萍，2012；陈鹤，2014），三语习得方向著作也已出版数部（如原一川，2007；崔占玲，2011；顾伟勤等，2011；刘全国，2013；韩涛，2017）。值得一提的是，国内已有专门关注中国少数民族地区三语教育模式的国际论坛，迄今已举办十届。另外，国际多语教育协会中国区多语能力与多语教育研究会于2015年1月成立，旨在促进中国对多语言及多语言教育的研究。综上可见，三语习得尤其是少数民族学生的英语教育教学已受到国内学者的关注，成为研究的热点。

但总体而言，与国外相比，国内的三语习得研究还处于起步阶段，在研究的广度和深度上仍亟待加强。国内早期的三语习得研究大多是对国外三语习得理论的引介及其对国内教学启示的探讨，实证方面的研究仅在近十年才逐渐开展起来，但数量十分有限，涉及的语言种类相对单一，在研究层面、研究内容和研究方法上都有待于整体提高（袁庆玲，2010）。

从研究内容来看，国内三语习得研究的一个主要关注点是三语习得中的语言迁移，另外，也有学者从心理学视角研究三语习得，其中包括该视角下语言迁移研究。此外，国内三语习得研究还包括三语教育教学以及元语言意识研究（见表1.2）。

国内有庞大的三语者群体，主要包含两种类型：一种是指母语为汉语的学生学习一门外语（主要是英语）后又学习第二外语，该种情况涉及的三语组合有汉—英—德、汉—英—法、汉—英—日等；另一种是指母语为少数民族语言的学生学习汉语后再学习一门外语（主要是英语），而这门外语的学习主要是通过汉语实现的，该种情况涉及的三语组合有维—汉—英、藏—汉—英、蒙—汉—英、苗—

汉—英等，本研究所关注的内地高校维吾尔族英语学习者就属于这一类型。

表 1.2　　　　　　　　　　　国内三语习得研究内容一览表

研究内容	代表性研究
三语习得中的语言迁移	刘承宇、谢翠平，2008；欧亚丽、刘承宇，2009；阿斯罕，2009；蔡凤珍、杨忠，2010；倪传斌、张之胤，2011；田有兰、刘彬，2012a，2012b；刘惠萍、张绍杰，2012；魏亚丽、彭金定，2013；孙莉，2014；王同顺等，2016
心理学视角下三语习得研究	李利等，2008；崔占玲、张积家，2009a，2009b；崔占玲等，2009；王瑞明等，2010；热比古丽·白克力等，2012；范琳、李绍山，2013；孙鑫、李伟，2014
三语教育教学	刘全国、姜秋霞，2010；朱效惠、赵忠德，2010；张贞爱、俞春喜，2012；吕万英、罗虹，2012；原一川等，2013
元语言意识	曾丽，2010；曾丽，2011a，2011b

　　综观国内外三语习得研究，一个重要的方面就是三语习得中语言迁移研究，此方面的研究主要是从心理语言学和生成语言学视角展开。无论是基于心理语言学还是生成语言学的三语习得研究，语言迁移的来源和语言迁移的影响因素都是重要的研究内容。

　　现有的三语习得语言迁移研究中，词汇迁移方面的研究居多（如 Ringbom, 2001；Cenoz *et al*., 2003；Leung, 2006；倪传斌、张之胤，2011；孙莉，2014）。三语词汇迁移研究主要基于心理语言学，考察的内容主要是多语中的语码转换和词汇。此外，三语句法迁移研究也较为常见（如 Rothman, 2011；魏亚丽、彭金定，2013；Fallah *et al*., 2016；王同顺等，2016）。句法迁移研究是以生成语法理论为基础开展起来的，它关注的主要内容是探讨什么样的语言知识会发生迁移现象、多语习得中语言迁移的来源有哪些、普遍语法是否可及等。近几年，三语语音迁移研究亦逐渐增多（如 Onishi, 2016；Sypiańska, 2016；Amaro, 2017）。

相对于词汇、句法和语音，三语语用迁移方面的研究非常有限，国外仅有少数学者对此进行了研究（如 Fouser, 1995a, 1997；Mansi, 2009；Koike & Palmiere, 2011）。Fouser（1995a）最早关注了三语语用迁移，提出了研究构想，以验证三语学习者感知的一语／二语与三语之间的语言和文化距离决定三语交际中一语、二语的迁移。随后，Fouser（1997）通过观察一位高水平三语学习者（母语为韩语，二语为英语，三语为日语）来研究心理语言距离、学习者三语熟练程度与语言迁移之间的关系。Mansi（2009）通过对比三语者、双语者、单语者的请求和致歉言语行为，研究三语学习中的语用迁移现象，比较了母语和二语在迁移中的作用并分析了原因。同样，Koike & Palmiere（2011）通过对比三语者、双语者、单语者三组实验对象，重点考察了三语学习者在实施请求言语行为过程中是否存在语用迁移现象。总体来看，国外学者在三语语用迁移研究方面虽有所涉及，但均存在样本小的问题；其次，受试的母语或二语与三语的语言距离较近，正因如此，上述研究无一例外地用心理语言距离这一因素来阐释语用迁移产生的原因；另外，研究中多采用"话语补全任务"（DCT）①收集数据，在研究工具方面存在一定局限性。

同国外一样，国内三语语用迁移研究也较为鲜见，且起步更晚，从2012年开始才出现相关研究（如田有兰、刘彬，2012a，2012b；刘惠萍，2012；刘惠萍、张绍杰，2012）。田有兰、刘彬（2012a）和田有兰、刘彬（2012b）两项研究均以云南少数民族英语学习者为研究对象，前者从三语的角度研究了云南少数民族学生

---

① DCT，英文全称为"Discourse Completion Test"或"Discourse Completion Task"，国内学者将 DCT 译为语篇补全测试、话语完型法、话语补全测试、话语补全任务等。虽然 DCT 英文全称及相应中文翻译有所不同，但在概念内涵上并不本质差异。本研究认同 DCT 英文全称为"Discourse Completion Task"，中文翻译采用李怡和王建华（2013）对这一术语的翻译，将其译为"话语补全任务"。

英语学习中的语用负迁移问题，后者则对三语和二语背景下学习者英语学习中的语用迁移现象进行了对比。另外，刘惠萍（2012）在其博士论文中对比了新疆维吾尔族英语学习者和汉语英语学习者的请求言语行为，刘惠萍、张绍杰（2012）期刊论文则重点对新疆高校维吾尔族三语者（母语为维吾尔语，二语为汉语，三语为英语）与双语者（母语为维吾尔语，二语为汉语）和单语者（维吾尔语）的请求策略类型与策略形式进行了对比研究。

刘惠萍（2012）和刘惠萍、张绍杰（2012）均将新疆维吾尔族英语学习者作为主要研究对象，刘惠萍（2012）博士论文重在对比维吾尔族英语学习者与汉族英语学习者请求策略的异同，因此未从三语习得角度对维吾尔族英语学习者请求言语行为中的语用迁移现象进行深入分析；刘惠萍、张绍杰（2012）期刊论文虽分析了维吾尔语、汉语对维吾尔族英语学习者请求言语行为的影响，但研究层面仅涉及请求策略类型与策略形式。另外，刘惠萍（2012）和刘惠萍、张绍杰（2012）均未关注维吾尔族英语学习者的英语水平与维吾尔语、汉语迁移的关系，且以话语补全任务（DCT）为工具收集语料，因此，和其他以 DCT 为工具收集语料的研究一样，在研究工具方面存在一定局限性。

针对以上三语语用迁移研究的不足，本研究旨在分析一语、二语对学习者三语请求言语行为产生的影响，并探究三语水平与已习得语言迁移的关系。研究将调查对象锁定为内地高校维吾尔族英语学习者，以电子邮件写作任务和回顾性访谈为工具，在三语习得视域下从请求言语行为入手对维吾尔族学生英语学习中的语用迁移现象进行研究。

第二节　研究目的

本研究的主要目的如下：

（1）研究维吾尔语、汉语对维吾尔族学生英语请求言语行为的影响。

内地高校维吾尔族学生在掌握维吾尔语和汉语后学习英语，是典型的三语者。维吾尔族学生在用英语实施请求时，先前习得的两种语言都会对其产生影响，也就是说学习者原有的知识都可能成为迁移的对象。本研究试图发现维吾尔族学生英语请求言语行为中维吾尔语、汉语迁移表现，比较维吾尔语、汉语各自在迁移中作用大小并探讨可能存在的原因。

（2）研究维吾尔族学生英语水平与已习得语言迁移的关系。

维吾尔族学生的英语（三语）水平的高低也可能会影响其已习得的两种语言（维吾尔语、汉语）的迁移程度。目前语用迁移研究基本都是在二语层面展开的，在语用迁移与二语水平关系上存在不同观点，对三语水平与先前习得语言语用迁移关系更是鲜有研究。本研究将分析维吾尔族学生英语水平与已习得两种语言迁移的关系。

第三节　研究方法

针对上述研究目的，本研究将采用定量和定性相结合的方法，以下是对研究对象、研究工具、数据收集与分析的简述：

研究对象包括一个调查组和三个对照组。调查组也称三语组，由92名内地高校维吾尔族学生组成，他们在掌握维吾尔语和汉语后学习英语，是典型的三语者。为考察本组调查对象英语水平与已习得语言（维吾尔语、汉语）迁移程度的关系，从92人中选取英语水平高的前23人组成高水平组、后21人组成低水平组。除三语组外，研究对象还包括3个对照组，分别为维吾尔语本族语者组（32人）、汉语本族语者组（36人）和英语本族语者组（32人）。对各组研究对象的选取依据严格标准，以保证其具有代表性。

研究工具主要有电子邮件写作任务和回顾性访谈。考虑到传统引出式语料收集办法—话语补全任务（DCT）的局限性，本研究借鉴 Li W.（2009）的电子邮件写作任务（E-mail Writing Task, 简称 EWT）收集语料，要求四组调查对象根据所提供的四个请求情境完成电子邮件写作任务。另外，在三语组完成电子邮件写作任务后，选取6名学生进行回顾性访谈，以获取维吾尔族英语学习者用英语实施请求时维吾尔语、汉语迁移的内省数据。

在数据分析方面，首先，根据本研究中所收集的电子邮件写作任务语料并借鉴 Blum-Kulka *et al.*（1989）的标注系统建立了本研究的语料标注方案，并对语料按请求策略形式、内部修饰语和外语修饰语进行标注、统计及分析；其次，分别对6名维吾尔族英语学习者的访谈录音进行转写与分析；再次，研究者基于以上分析数据，以 Beebe *et al.*（1990）和 Su（2010）的二语语用迁移判断标准为参照，构建本研究的三语语用迁移判断标准，通过与对照组的比较，对三语组（维吾尔族英语学习者组）英语请求言语行为中的维吾尔语、汉语迁移现象进行分析。

第四节　研究意义

对内地高校维吾尔族学生英语学习中的语用迁移现象进行研究具有较为重要的理论意义和实用价值，具体表现为：

在理论上，本研究将丰富三语习得和语际语用理论研究。我国多民族、多语言的环境为三语习得研究提供了丰富的素材及研究对象，然而我们却很少从三语习得的角度对少数民族学生的英语（三语）学习进行研究（曾丽，2012）。从语用迁移层面研究少数民族学生的英语学习，一方面顺应了世界各地语言学家关注三语习得的趋势，另一方面，由于国外三语习得研究关注的都是印欧语言，而汉语和我国少数民族语言属于非印欧语言，因此对我国少数民族学生英语学习进行研究将丰富国际三语习得研究。同时，如前所述，目前三语习得语言迁移研究中鲜有涉及语用层面研究，而语际语用范畴下的语用迁移研究基本上都是在二语层面开展的，与三语习得相结合的研究极少。本研究聚焦少数民族学生英语学习中的语用迁移，将三语习得语言迁移研究拓展到语用层面，将语际语用研究拓展到三语层面，将在一定程度上填补国内外研究的空缺。

在实践上，本研究对少数民族学生的英语教学也有指导意义。我国少数民族学生的英语教育不断发展，近年来随着内地支援培养少数民族人才协作计划的出台，少数民族学生的英语教育从少数民族地区延伸到了内地。每年都有大批来自少数民族地区的初中和高中毕业生在全国多个发达省份学习，相应地，他们的英语教育也受到了重视，但却忽视了如何有针对性地进行英语教学。可以说，相对于在内地大力发展少数民族英语教学的发展趋势来说，我们的研究工作还比较滞后，因此，对内地少数民族学生英语教学进行研究更彰显其现实性和迫切性。少数民族学生是典型的三语学习者，他们都是经历了母语、汉语再到英语这样一个三语习得的过程，与汉族学生的英语学习有很大不同，对这一群体的英语学习进行研究非常必要，然而目前国内相关研究却十分有限。因此，本研究有助于了解少数民族学生的英语学习，从而为这些学生的英语学习提供更加切合实际的理论及方法指导，促进少数民族学生的英语学习，并促使相关英语教学的改革。

第五节　本书总体结构

本书共分六章。第一章对研究背景、研究目的、研究方法、研究意义和本书结构进行了概述。第二章是文献回顾部分，首先提出并整合了本研究的三个核心概念，接着梳理了三语习得中语言迁移的影响因素研究及语用迁移研究，重点评述了国内外三语语用迁移研究，并在此基础上构建了本研究的概念框架。第三章阐明了研究设计的原理，详细地描述了研究对象的选择、研究工具的使用、数据资料收集及分析的过程，同时分析了本研究的信度与效度，并交代了本研究对研究伦理的遵守与执行情况。第四章和第五章是本书的主体部分，其中，第四章对比了维吾尔族英语学习者（三语组）与三组本族语者的请求言语行为，报告和分析了维吾尔族学生英语请求言语行为中的维吾尔语、汉语迁移情况，并对主要研究发现进行了讨论；第五章比较了维吾尔族英语学习者中英语高水平组和低水平组的请求言语行为，分析和讨论了维吾尔族英语学习者英语水平与已习得语言（维吾尔语和汉语）

迁移的关系。第六章是本书的结论部分，总结本研究的主要发现，回答研究问题，讨论本研究的贡献与启示，并指出研究的局限性及对未来研究的设想。

第二章 文献综述

本章共分为五个小节：第一节阐释本研究的三个核心概念——三语、语用迁移和请求言语行为；第二节系统梳理三语习得中语言迁移的影响因素及相关研究，具体包括语言距离、二语地位、二语与三语水平、近现率等；第三节主要回顾国内外二语语用迁移研究、二语水平与语用迁移关系研究，并重点对国内外三语语用迁移研究进行文献评述，指出前人研究的不足，在此基础上寻找研究的切入点；第四节阐明本研究的研究焦点并构建本研究的概念框架；最后，研究者在第五节对本章的文献回顾进行简要总结。

第一节 主要相关概念

正如在第一章所述，本研究以维吾尔族英语学习者为主要调查对象，在三语习得视域下从请求言语行为入手对维吾尔族学生英语学习中的语用迁移现象进行研究。因此，本研究共有三个主要相关概念，分别是三语、语用迁移和请求言语行为。本节将对这三个核心概念进行梳理与界定。

一　三语

本研究中的第一个主要概念是三语。"三语"这一概念是在"二语"概念基础上提出的。广义上第二语言习得研究人们在课堂内或课堂外学习除母语以外的语言的方式（Ellis, 1997）。这里的"第二"不是语言习得顺序上的第二，而是指在母语之后，所以传统的"第二语言"包括母语之后已经习得或正在习得的所有非母语语言。但近年来有学者认为，学习者在已经掌握一门非母语语言之后再学习一门或多门语言，因为有之前外语学习的经验，所以这些语言的学习与第一门非母语语言的学习有本质的区别，提出将三语习得作为独立研究领域（如 Cenoz, 2000；Herdina & Jessner, 2000；Hufeisen, 2004；Jordá, 2005；De Angelis, 2007）。"三语习得"这一术语的使用在于强调三语习得有别于二语习得，突出三语习得研究的特殊性，是对传统将所有非母语学习均纳入二语习得范畴的观点的回应（Cenoz, 2013）。

虽然"三语习得"这一术语越来越多被使用，但至今学界对"三语"概念仍未有明确的界定（Fouser, 1995b；Jordá, 2005；Hammarberg, 2010; Cenoz, 2013）。总结起来，目前"三语"概念的界定主要有三种。

第一种界定是基于线性模式（linear model），即将语言按学习者首次接触该语言的时间顺序进行排列，如L1、L2、L3、L4等（即第一语言、第二语言、第三语言和第四语言等），以此类推（Hammarberg, 2010）。在这种模式下，"三语"是语言习得顺序的第三门语言。基于线性模式对"三语"进行界定虽易于理解，但存在一定问题：如果学习者同时习得或学习两门语言，应如何对这两种语言进行排序？另外，对语言水平的判定缺乏明确的标准，如果学习者对某一门语言仅掌握了"一点点"，那么在语言排序时是否将其计入？随着习得语言数目的增多，语言排序的难度会越来越大。Hammarberg（2010）认为按这种模式给多语者掌握的所有语言进行排序没有意义，也是不可能的，所以在此模式下界定的"三语"只能是权宜之计，不具有普遍性。

此外，也有学者将"三语"定义为学习者在母语和第一非母语语言之后习得的一种或多种语言（如Fouser, 1995b, 2001；Hufeisen, 2004；Jordá, 2005）。其中，第一非母语语言（即学习者的第二语言）既可以在自然环境下习得，也可以在课堂环境下习得，其水平可以是熟练程度也可以是初级水平，也就是说，学习者对第二语言的掌握可以是不完善的（Fouser, 1995b）。这里的"三语"不是习得顺序上的第三语言，而是指在二语之后习得的所有语言，可能是第三语言，也可能是第三以上的语言。该定义下"三语"是一个总体概念，是二语之后所习得的所有语言的总称（Jordá, 2005；De Ange-lis, 2007）。Fouser（2001）认为，第三语言的学习和第三以上语言的学习都有学习非母语语言的经历，具有共性，因此没有必要使用L4、L5、L6，提出使用"L≥3"这一术语来定义"三语"，进而提出将语言习得分为三种：母语习得（L1）、二语习得（L2）、三语习得（L≥3）[①]。

第三种定义是由 Hammarberg 提出的。Hammarberg（1998, 2001, 2010）首先明确了二语的范畴，将其定义为一语之后习得的任何语言。在此基础上，Hammarberg 认为"三语"是多语者（在掌握一门或多门一语、二语后）目前正在使用或习得的非母语语言。Hammarberg 的三语定义是针对掌握三门以上语言的多语者提出的。

---

① 持此观点的学者也有将"三语习得"称为"第三及第三以上语言的习得"（De Angelis, 2007）或"多语习得"（Hufeisen, 2000）。但在多数研究中，仍使用"三语习得"来指第三或第三以上语言的习得（Bardel & Falk, 2007）。此外，每两年一次的"三语习得和多语现象国际研讨会"也采用"三语习得"这一名称。

Hammarberg 指出，多语者掌握的语言可能不仅局限于一种一语和一种二语，一语和二语的数目都可以达到多门，这些一语、二语被统称为背景语言。这一定义中的三语、二语是相对而言的，同时也是动态的。相对于之前习得或学习的非母语语言（即二语），现在正在使用或习得的非母语语言是三语。同样，当多语者将来再学习一门新语言时，现在的三语也自然就变成了二语。可见，这个定义中的二语是个大的范畴，三语是二语的一个特例。该定义强调不管之前习得或学习了多少门非母语语言，目前正在使用或学习的目标语均可用三语（L3）指代，没有必要使用四语。Hammarberg 提出的"三语"定义相对较新，但仍存在一定的问题，即和传统将三语习得纳入二语习得范畴一样，它模糊了三语习得与二语习得的差异，学习者在三语之前有学习非母语语言学习的经历，因此三语学习与单语者学习二语（即第一门非母语语言）学习是不同的，而这种差异在这个定义中恰恰被忽略了（Fouser, 2001）。

本研究将采用第二种定义，这个定义也是目前大多数三语习得研究中采用的定义（Bardel & Falk, 2007），即"三语"指学习者在母语和第一非母语语言之后习得的一种或多种语言的总称。本研究的主要调查对象为内地高校维吾尔族英语学习者，他们在掌握维吾尔语和汉语后学习英语，是典型的三语者。他们的母语是维吾尔语，小学和初中阶段就读于新疆地区民语学校，全部或多数课程用维吾尔语授课，具备维吾尔语读写能力；汉语是他们的第二语言，从小学三年级开始在课堂环境下学习汉语；多数学生从高中开始通过汉语学习英语，英语是他们的第三语言；所有学生未学习过除维吾尔语、汉语、英语之外的其他语言。

二 语用迁移

本研究中的第二个核心概念是语用迁移。语用迁移是中介语语用学①研究的核心话题之一。由于语言学家对语用学、迁移的观点不同以及各自的研究目标不同，所以对"语用迁移"这一概念的理解和表述不尽相同（Bou-Franch, 2012）。Wolfson（1989：141）认为"语用迁移"等同于"社会语言迁移"；Beebe（1990：56）将"语用迁移"定义为"第一语言的社会文化交际能力的迁移"；Odlin（2001：48）认为"语用迁移"是"会话特征迁移或语篇迁移"。这些表述都从不同侧面体现了语用迁移的特征。

目前为止较为权威的是 Kasper（1992）的定义。Kasper（1992）认为中介语语用学中的"语用迁移"是指学习者已有的语言和文化语用知识对二语语用信息的理解、产出和学习所施加的影响②。与其他定义相比，Kasper 的"语用迁移"定义更为全面（Bou-Franch, 2012）。主要体现在：首先，其定义中既包括语言层面的语用迁移，又包括文化层面（即社交层面）的语用迁移；其次，定义明确了对二语语用信息影响的三个方面：理解、产出和学习；再次，该定义中强调学习者已习得或学习的语言可能是多种，这些语言和文化语用知识都会对目标语产生影响。

依据 Leech（1983）对语用语言学（pragmalinguistics）和社交语用学（sociopragmatics）所作的区分，Kasper（1992）将语用迁移分为两大类：语用语言迁移（pragmalinguistic transfer）和社交语用迁移（sociopragmatic transfer）。语用语言迁移是指母语中具体语言

---

① 英文名称为"interlanguage pragmatics"，国内有学者将其译为"中介语语用学"，如卢仁顺、夏桂兰（2005）、俞东明等（2012）、刘陈艳（2014）；也有学者将其译为"语际语用学"，如洪岗（2000）、俞东明（2011）；另外，还有学者译为"语际语用学"，如廖开洪（2007）、刘惠萍（2012）。

② 此处采用了俞理明等（2012）对这一定义的翻译。

形式所特有的言外之力或礼貌对学习者理解二语的形式—功能匹配及用二语实施言语行为施加影响的过程[①]。社交语用迁移，又称社会语用迁移，是指学习者实施和理解二语言语行为时，其所基于的社会感知受到他们对母语环境中的对等形式的主观评估的影响，即说话者将其在母语中对实施某一言语行为的理解迁移到二语学习过程中[②]。换言之，语用语言迁移指外语学习者在使用目标语时套用母语中特有的语言结构，包括语法规则以及各种言语行为的语言实现形式（语用策略），社会语用迁移指外语学习者使用目标语时按照母语文化中的价值观念、社交准则和规约等进行交际。当二语学习者想用目标语的言语行为表达意图时，两种类型的语用迁移总是同时表现出来，在学习者的交际能力的表现中共同起作用。

根据迁移所产生的效用和方向性，语用迁移还可分为：语用正迁移和语用负迁移。语用正迁移是指以母语为基础的语用语言和社交语用知识迁移到二语语境中，这种迁移产生的感知和言语行为与二语使用者的一致，母语和二语展现出相似的语用语言和社交语用特征。语用负迁移是指以母语为基础的语用语言和社交语用知识迁移到二语语境中，这种迁移导致的感知效果和言语行为不同于二语使用者（Maeshiba *et al.*, 1996）[③]。

本研究将采用 Kasper（1992）的语用迁移定义。本研究中的"语用迁移"是指维吾尔族英语学习者已有的维吾尔语、汉语两种语言语用知识对其英语（三语）请求言语行为的产出所施加的影响。本研究中对维吾尔族英语学习者英语请求言语行为中的维吾尔语、汉语迁移研究主要指语用语言迁移，不包括社交语用迁移。对语用语

---

① 此处借鉴了卢仁顺、夏桂兰（2005）对这一定义的翻译。
② 此处采用了卢仁顺、夏桂兰（2005）对这一定义的翻译。
③ 此处采用了廖开洪（2007）对这一定义的翻译。

言迁移的考察包括两个方面：使用频率和内容。另外，本研究主要关注的是语用负迁移。

三　请求言语行为

除三语、语用迁移外，本研究中的另一个主要概念是请求言语行为。选择研究请求言语行为主要基于以下考虑：首先，请求言语行为是语言学家研究最为广泛的言语行为（Kasper, 1997；Chen, 2013）。大量文献从不同视角对请求言语行为进行了研究与论述，目前多数二语语用迁移研究及仅有的几项三语语用迁移研究也是有关请求言语行为的，前人的研究为本研究提供了理论框架和方法指导，其研究发现也为本研究与之比较进而讨论提供了可能。另外，请求言语行为的习得是语用能力的重要组成部分，国内外语教科书和教学大纲中普遍涉及请求言语行为，调查对象对请求言语行为较熟悉。本小节将对请求言语行为的定义、特征做以简单介绍。

根据 Searle（1976）的言语行为分类，"请求"属于"指令类"言语行为。Searle 将言外行为划分为五大类：阐述类、指令类、承诺类、表达类、宣告类，"指令类"是指"说话人试图要听话人去做某事"。属于"指令类"言语行为的行事动词有"ask""order""command""request""beg""plead""pray""entreat""invite""permit""advise"等。请求言语行为是指令类言语行为的一个分支（Fraser, 1980；Schmidt, 1983；Jordá, 2005）。

许多学者对"请求"行为的定义做出了说明，其中具有代表性的有：

——"请求"是指那些具有明确目的的话语，其目的是表明说话人意欲用话语影响听话人的行为，也就是让听话人做某事（Becker, 1982 引自 Achiba, 2003)。

——"请求"是"说话人想让听话人实施某种行为 / 听话人要为行为的实施付出代价"的指令性言语行为（House & Kasper, 1987：1252）。

——"请求"即"说话人试图让听话人执行或停止执行某种行为"（Ellis, 1994：167）。

——"请求"是一种言外行为：说话人（请求者）希望听话人（被请求者）执行对自己有利的行为（Trosborg, 1995）。

上述"请求"定义中，Becker（1982 引自 Achiba, 2003）定义包括范围较广，其定义等同于 Searle（1976）对"指令"[①] 的定义。Becker 认为"请求"一词比"指令"更为合适。Ellis（1994）在其定义中未明确"请求"与"指令"的关系，但从其定义本身内容看与 Searle（1976）的"指令"定义基本一致。House & Kasper（1987）的"请求"定义突出了说话人和听话人之间的互动特征。另外，House & Kasper（1987）强调了说话人意欲听话人做的事会使说话人为此付出代价。Trosborg（1995）强调这一行为对说话人自己有利。

根据前人研究，本研究将"请求"言语行为定义为："请求"是一种指令性言外行为，说话人（请求者）意欲让听话人（被请求者）执行对说话人有利的行为，且该行为通常令听话人受损。这一行为既可以是非口头的物品和服务，也可以是口头物品和服务，例如信息。

实施请求言语行为需要满足以下合适条件（felicity conditions）：

1. 命题内容条件：说话人言及听话人将要去做的一个动作；

2. 准备条件：说话人相信听话人有能力做这一动作，且说话人和听话人双方都不认为这一动作是听话人通常所要做的；

3. 诚意条件：说话人真心想要听话人去做这一动作；

---

① 有些研究则将"请求"等同于"指令"（如 House & Kasper, 1987; Wolfson, 1989；Achiba, 2003）。本研究认为"请求"属于"指令类"言语行为。

4. 根本条件：说话人试图通过他所说的话使听话人去做这一动作（Searle，1969；引自俞东明，2011）。

学者对"请求"言语行为的特征从不同角度进行了阐述，具体如下：

首先，"请求"是"事前行为"（pre-event），用以表达说话人对听话人未来的口头或非口头行为的一种期望。听话人在说话人发出请求之后将来的某个时间实施这一行为。这一点与抱怨、抱歉不同，抱怨和道歉属于"事后行为"（Blum-Kulka *et al*., 1989；Trosborg, 1995）。

其次，"请求"是一种"强加行为"（impositive act）。当说话人请听话人帮忙或者要求某个东西或服务的时候，实际上是在把自己的意愿强加到听话人的身上。无论说话人让听话人做的事情难度是"小"是"大"，该请求都会对说话人具有一定的强加度（Trosborg, 1995）。

再次，请求本质上具有"面子威胁"性，属于面子威胁行为（face-threatening acts, 简称FTA）。听话人可能将说话人的请求视作对自己自由的一种侵犯和干涉，因而觉得其面子受到威胁；同时，如果请求遭到拒绝，说话人的面子同样面临威胁。所以，说话人通常会采用一些言语策略和修补措施来减轻面子威胁程度（Brown & Levinson, 1978，1987）。Brown & Levinson（1987）进一步指出，某一言语行为对面子的威胁程度可以用以下公式表示：$Wx = D(S, H) + P(S, H) + Rx$。$Wx$表示面子威胁行为的大小，影响$Wx$的三个因素分别为：（1）$D(S, H)$—表示说话人和听话人之间的"社会距离"（social distance）；（2）$P(S, H)$—表示说话人相对于听话人所拥有的"社会权势"（relative power）；（3）Rx—表示在特定语境中，言语行为本身所固有的"强加级别"（ranking of imposition）。

以上对本研究中的三个主要概念——三语、语用迁移、请求言语行为进行了阐释，下一节将对三语习得中的语言迁移影响因素研究进行梳理。

第二节　三语习得中语言迁移影响因素研究

正如第一章所述，三语习得研究中的一项重要内容是三语习得中的语言迁移（或跨语言影响）研究。同母语对第二语言习得的影响相比，母语、第二语言、第三语言这种多语种复合机制下语言间的影响更为复杂（Hufeisen, 2000；Cenoz, 2001）。Odlin（2001）指出，当学习者已掌握两门语言时，这两种语言都会对第三种语言的学习产生影响，也就是说学习者原有的知识都可能成为迁移的对象。影响三语习得中的语言迁移的因素很多，本节将主要介绍语言距离、二语和三语水平、二语地位和近现率等四个影响因素。

一　语言距离

语言距离（language distance）是影响三语习得中源语言（一语、二语）迁移的重要因素。语言距离这一概念有狭义和广义之分。狭义的语言距离是指语言学家能客观地、正式地界定和识别的语言和语系间的距离（De Angelis, 2007）。换句话说，狭义的语言距离就是两种语言在类型上的相似性，在这个意义上，它等同于文献中常提到的语言类型距离（linguistic typology）。广义的语言距离除了上面提到的两种语言在类型上的相似性即客观语言距离外，还包括心理语言距离[①]。心理语言距离是指学习者认为或感知语言之间存在的

---

① 有研究称为"心理类型距离"，英文名称为"perceived language distance"或"psychotypology"。

距离（Kellerman, 1978）。心理语言距离强调了学习者主观意识到的语言距离的重要性，是从学习者的心理角度进行判定的，这一距离可能和客观语言距离相符合，也可能相反。在三语习得研究领域，研究者从词汇、语音和句法等不同方面证实了心理类型距离在三语习得研究中的存在和作用（张雷、俞理明，2012）。有研究发现，同客观语言距离相比，心理语言距离在语言迁移中的影响力更强（如 Kellerman, 1978, 1986；Ringbom, 1986；Cenoz, 2001；De Angelis, 2005a）。

近年来，已有许多研究证明在三语习得过程中，迁移在较为相近的语言间更容易发生（如 Cenoz, 2001；Fouser, 2001；Ringbom, 2001；De Angelis, 2005a；刘承宇、谢翠平，2008；Foote, 2009；阿斯罕，2009；欧亚丽、刘承宇，2009；倪传斌、张之胤，2011；Pinto & Carvalhosa, 2012）。

Cenoz（2001）以 L1 巴斯克语—L2 西班牙语—L3 英语，以及 L1 西班牙语—L2 巴斯克语—L3 英语的两组学习者为被试，通过考察英语词汇知识发现：语言距离在三语语言迁移中起重要作用。无论西班牙语是被试的 L1 还是 L2，L3 英语中迁移的语言成分基本都是西班牙语。相对于巴斯克语，西班牙语与英语因同属印欧语系，类型距离更近，因此，西班牙语成为被试三语英语中迁移的源语言。另外，该研究还发现，在语言迁移中，心理语言距离所起的作用比客观语言距离更大。

Fouser（2001）考察了日语作为第三（或大于第三）语言对韩语的社会语言迁移现象，主要从交际能力的语用和社会语言学层面分析了日语对韩语的影响，研究表明：由于这两种语言非常相近，因此日语对韩语的习得帮助很大。

Foote（2009）研究通过考察三语学习者对罗曼语完成体和未完

成体语义差异的敏感性，关注了语言类型距离对三语习得中语言迁移的作用。被试包括两个实验组和一个控制组。实验组 1 被试 L1 为英语、L2 和 L3 为罗曼语，实验组 2 被试 L1 和 L3 为罗曼语、L2 为英语，控制组被试 L1 为英语、L2 为罗曼语。结果显示，两个实验组被试（L3 均为罗曼语）的表现都比控制组被试（L2 为罗曼语）好，他们已学的罗曼语对 L3 罗曼语体的习得发挥了重要作用。因此，作者认为语言类型距离在 L3 句法形态和语义层面的习得中对语言迁移起到了关键作用。

在三语习得中，语言距离通常和其他语言迁移因素一起发挥作用。有研究表明，当语言类型距离和其他因素共同作用时，语言类型距离的影响更大。Singleton & O'Laoire（2004）考察了 L1 英语—L2 爱尔兰语—L3 法语的学习者法语词汇习得情况，研究发现：L1 英语是 L3 法语词汇借用的主要来源，由于法语和英语在词汇上是语言类型非常近的语言，作者认为语言类型距离比二语地位发挥更大的作用。Chin（2008）在研究中也发现，语言类型距离对三语习得中语言迁移的影响比二语水平更大。刘承宇、谢翠萍（2008）研究发现，影响第二外语学习的因素很多，语言距离对我国高校外语专业学生影响最大，学习者的外语水平次之，外语学习的顺序最小。

需要指出的是，目前有关语言类型距离对三语习得中语言迁移的影响研究大多基于对西欧语言的考察。由于西欧语言属同一语系甚至语族，因此在类型距离上并不是很明显，鉴于此情况，涉及其他语系的研究十分必要（俞理明等，2012）。

本研究中共涉及三种语言—维吾尔语、汉语、英语，维吾尔语属于阿尔泰语系，汉语属于汉藏语系，英语则属于印欧语系。它们分属不同语系，语言类型差别较大。被试三种语言的类型距离差别较大时，影响三语习得中语言迁移的研究结果会更有说服力（俞理明等，2012）。

二　二语地位

二语地位（L2 status），也称"外语效应"（foreign language effect），同语言距离一样，也是影响三语习得中语言迁移的重要因素。Williams & Hammarberg（1998）最早提出"二语地位"这一术语，他们通过历时个案研究发现，三语者在三语产出过程中更倾向于激活先前学习的另一门外语即二语，而非自己的母语。

De Angelis & Selinker（2001）也发现，L1 法语—L2 西班牙语—L3 意大利语三语习得者在使用目标语意大利语时，更多依靠的是 L2 西班牙语，而非 L1 法语。原因有二：一方面，学习者可能认为西班牙语和意大利语更接近；另一方面，是二语地位这一因素在起作用。学习者可能认为 L2 西班牙语和 L3 意大利语都是外语，使用二语的词汇不会让自己听起来像说母语，因此他们更愿意用二语词汇来弥补三语中介语知识的不足或缺失。

Tsang（2009）考察了 L1 菲律宾语、L2 英语的中级水平 L3 粤语学习者粤语反身代词习得情况。研究发现，三语学习者的表现受到 L2 英语的严重影响。由于菲律宾语、英语和汉语（粤语）分属不同的语系，它们的语言类型距离都较远，因此作者认为被试的表现是二语地位效应的结果。

Llama *et al.*（2010）在研究中考察了"二语地位"和"语音距离"对学习者三语语音习得的影响。被试分为两组：一组被试 L1 英语—L2 法语，另一组被试 L1 法语—L2 英语，两组被试的 L3 均为西班牙语。研究发现：两组被试的 L2 对其 L3 西班牙语的语音产生重要影响，作者认为，本研究中"二语地位"是决定因素，其影响力大于语言距离。

三语者更倾向于使用二语而不是母语主要受两个因素影响：一

个是对正确性的感知（perception of correctness），另一个是外语性关联（association of foreignness）（De Angelis, 2005b）。对正确性的感知会阻止多语者在目标语中使用母语，因为学习者一开始就认定母语的使用是错误的，从而使得学习者在目标语中更容易接受非母语。外语性关联是指学习者在非母语（二语和三语）中间建立的某种认知关联，他们都被归类为外语。如果几种类型相近的语言同时出现在脑海中，那么这种认知关联就会促使学习者使用非母语，而不是母语，因为学习者一般会认为外语和外语之间的关系比和母语之间的关系更近（De Angelis, 2007）。

三　二语和三语水平

影响三语习得中语言迁移的另一重要因素是语言水平。习得者的二语和三语水平都会对三语习得中的语言迁移产生作用，而且二语和三语水平还会影响在三语习得中是母语发生迁移还是二语发生迁移。由于三语习得涉及两种非母语，因此三语习得中的语言水平因素更具复杂性。在三语习得中，不仅要考虑学习者的目标语水平，还要考虑学习者其他已学外语的语言水平，因为迁移的源语言不仅有母语，而且还有其他后来习得的语言。

在二语习得中，习得者目标语水平越低，发生母语迁移的可能性就越大（俞理明等，2012）。研究者普遍认为，语言迁移更易发生在语言习得的初期，因为在这个阶段学习者对目标语的掌握仍较弱、不够完善（如 Odlin, 2001；De Angelis, 2007）。

与二语习得研究相似，许多研究者也发现三语习得者目标语（即三语）水平越低，他们就会更多地依赖已知语言（背景语言），因此会发生母语或二语的迁移，以满足三语交际的需要（如 Ringbom, 1987；Dewaele, 1998；Hammarberg, 2001）。随着学习者三语水平的提高，这种依赖性会减弱，母语或二语迁移也会逐渐减少。Hammarberg（2001）采用纵向个案研究的方法，对一位学习瑞典语的操多语的成年人进行了观察和测试，结果显示：在三语习得过程中，受试者倾向于激活其背景语言（L1、L2）知识，即L1作为外部的工具语言发生于早期会话，L2则特别在L3的新词结构和发音模式上起着默认供应者（default supplier）的作用。随着学习者L3水平的提高，L1的工具功能逐渐减少，L2的供应功能也随之降低。

除三语水平外，二语水平也会对三语习得语言迁移产生影响。Ringbom（1987）认为二语水平高低决定三语习得中语言迁移的类型。三语习得中词汇迁移不受二语水平的影响，也就是说低水平二语者和高水平二语者在三语习得中都会有来自二语的词汇迁移（Williams & Hammarberg, 1998；Ringbom, 1987, 2001；De Angelis, 2005b；Bardel & Lindqvist, 2007 引自 Falk & Bardel, 2010）。而语义、句法等层面的迁移则对学习者的二语水平有一定要求，只有当二语水平较高时，它才会在语义、句法上对目标语的学习产生影响，成为语义、句法迁移的源语言（Schmidt & Frota, 1986；Ringbom, 1987；Bardel & Falk, 2007）。

另外，二语水平和接触程度还会影响在三语产出中使用母语还是二语。Williams & Hammarberg（1998）以及 Ringbom（2001）研究表明，三语者的二语水平和接触程度越高，二语对三语的迁移作用就会越明显，尤其是在自然环境下习得并且使用频率高的二语。相反，二语水平越低，三语习得者迁移母语知识的可能性就越大（Ringbom, 1987）。Hammarberg（2001）认为三语习得者的二语必须达到一定水平后才能保证二语向三语的迁移。Tremblay（2006）研究显示，L1对被试L3使用的影响更大，但随着L2水平的提高L1影响下降。Jaensch（2009）研究表明L3水平相当的学习者L2水平越高，L3表现越好，表现出较明显的二语水平效果。当然，由于语言类型距离、二语地位和近现率的原因，有时即使三语习得者的二语水平较低，他们还是会迁移二语中的语言结构。

本研究将控制三语组（维吾尔族英语学习者）的 L1（维吾尔语）、L2（汉语）水平，根据学习者的 L3（英语）水平将其分为高水平组和低水平组，以考察研究对象 L3（英语）水平对 L1（维吾尔语）、L2（汉语）迁移产生的影响。

四 近现率

近现率（recency）是指学习者最近经常使用语言的情况（De Angelis, 2007：35）。Hammarberg（2001）指出，三语习得者在使用目标语时会更多地迁移刚刚学过的或使用较多的非母语语言，这是因为这样的语言近期经常被使用，易于提取，因此更容易被激活。

在三语习得语言迁移研究中，近现率是经常被提及的一个因素，但对其在语用迁移中的作用，学界还存在争议，研究结果还不十分明确。Schmidt & Frota（1986）研究发现：母语为英语的学习者在目标语葡萄牙语学习中主要受最近习得的阿拉伯语的影响。Hammarberg（2001）研究也得出类似结论：学习瑞典语的三语习得者在使用三语时把最近学习的第二语言德语作为基础语言（base language），当进行语码转换时，基本上都使用德语，而没有使用母语英语。以上两项研究均肯定学习者最近学习的语言对其目标语学习的影响。

但是，也有研究者否认近现率在三语习得语言迁移中的作用，认为非近期习得的语言、甚至是长时间不使用的语言仍然会对三语目标语习得产生影响（De Angelis & Selinker, 2001；Herwig, 2001）。俞理明等（2012）认为，近现率是针对习得者学习第四或更多语言而提出的，使用正在学习的目标语时会从刚刚学过的语言中迁移更多的语言结构。

以上探讨了语言距离、二语地位、二语和三语水平、近现率等因素对三语习得中语言迁移的影响，还有其他一些因素也会影响三语习得中的语言迁移，比如年龄、语言习得的顺序、三语习得者的教育背景、说话时的环境、对象以及话题等。

需要指出的是，上述因素对三语习得中语言迁移的影响并不是孤立的，通常是交织在一起共同发挥作用，各种因素作用大小可能是不一样的。以上文提到的 Hammarberg（2001）研究为例，该研究发现：学习瑞典语的三语习得者在使用三语时，把最近学习的第二语言德语作为基础语言，二语德语对三语瑞典语使用产生的影响比母语英语更大，这是近现率、学习者二语水平和心理类型距离共同作用的结果。同样，Bayona（2009）通过对比母语为英语的成人二语习得者和母语为英语、二语为法语的成人三语习得者对西班牙语中动结构的习得情况，研究发现：语言类型距离和二语水平在三语习得过程中都发挥了重要作用。

另外，由于三语习得语言迁移的复杂性，各种影响因素共同发挥作用，有时无法判断到底是哪个因素在发挥作用，比如当第二语言正好和目标语是语言类型相近的语言，此时就分不清楚是语言类型距离在起作用，还是二语地位在起作用。因此，在考察某一因素时应控制其他因素，这样研究结果会更有说服力。

第三节　语用迁移研究

本节将回顾国内外二语语用迁移研究、二语水平与语用迁移关系研究，并重点对国内外三语语用迁移研究进行文献述评，指出前人研究的不足，进而阐明本研究的切入点。

一 二语语用迁移研究

语用迁移研究是中介语语用学与二语习得研究交叉领域，具体研究学习者已有的语言和文化语用知识对目标语语用信息的理解、产出和学习所施加的影响。二语语用迁移研究自 20 世纪 80 年代初逐步得到开展，已有较为丰硕的研究成果。本节将回顾国内外二语语用迁移研究尤其是请求言语行为语用迁移研究，并对二语水平与语用迁移关系研究予以综述。

（一）国内外二语语用迁移研究

本小节中对二语语用迁移研究的综述分为两个部分，第一部分是请求言语行为二语语用迁移研究，第二部分是道歉、拒绝等其他言语行为二语语用迁移研究。

1. 请求言语行为二语语用迁移研究

请求言语行为因其在母语与外语表达中经常出现而成为语言学家研究最为广泛的言语行为（Kasper, 1997；Hendriks, 2008；Chen, 2013）。同样，在二语语用迁移相关研究中，对请求言语行为语用迁移研究数量最多。

Blum-Kulka（1982）可能是最早见于文献的请求言语行为语用迁移研究。Blum-Kulka（1982）采用话语补全任务（DCT）的方法研究了母语为英语的加拿大希伯来语（L2）学习者的请求言语行为，结果证实了语用语言迁移的存在。研究发现，学习者能成功将两种语言中都具有的请求策略从英语迁移到希伯来语中，产生语用正迁移；但学习者也会在其二语中使用英语的一些表达方式，结果导致产出不具备请求功能的形式。另外，学习者偏好使用较希伯来母语者更间接的策略，这表明他们受到了一语中间接策略的影响，即发生了语用负迁移。

继 Blum-Kulka（1982）的研究之后，许多学者（如 House & Kasper, 1987；Faerch & Kasper, 1989；Trosborg, 1995；Hassall, 2003；Byon, 2004; Kim, 2007; Syahri & Kadarisman, 2007; Li C., 2009; Li W., 2009）对请求言语行为语用迁移进行了研究，研究结果也同样表明存在着不同程度、不同类型的语用迁移。

House & Kasper（1987）和 Faerch & Kasper（1989）是 CCSARP[①] 框架内的两项研究，讨论了母语对学习者二语请求言语行为产生的影响。其中，House & Kasper（1987）以话语补全任务（DCT）为工具研究了不同母语背景学习者（分别为德语、丹麦语）用同一目标语（英语）实施请求言语行为的情况，研究发现：在直接程度、内部修饰语、外部修饰语[②] 三个层面都存在迁移。在直接程度方面，探询型（Query Preparatory）在英语本族语者中最为常用，但在母语（德语、丹麦语）中不常用，学习者受母语影响，在直接程度选择上更为多样化；母语为德语的英语学习者，由于受母语德语的影响，比英语本族语者更多使用祈使句。在内部修饰语方面，丹麦英语学习者和丹麦本族语者都过度使用咨询手段。而在外部修饰语方面，由于丹麦英语学习者受母语丹麦语影响，因此与英语本族语者相比，更多使用支持性话步。

---

① CCSARP 是 "Cross-Cultural Speech Act Realization Project" 的简称，中文译为"跨文化言语行为实现方式研究项目"，是 20 世纪 80 年代初 Blum-Kulka、Kasper 以及 House 等学者领导并开展的国际合作研究。这项研究的目的是对比"请求"和"道歉"两种言语行为在八种不同语言及语言变体中表现方式的异同。

② 内部修饰语，英文名称为 "internal modification"，是指通过句法与词法手段来缓和或加重言语行为的言外之语力，它们分布在言语行为中心行为语内部，常用的内部修饰语有疑问句、条件句、礼貌标记语和称谓语等；外部修饰语，英文名称为"external modification"，又称为辅助行为语或支持性话步，位于中心行为语之前或之后，可减轻或加重言语行为的言外之语力。在下一章第四节中将对上述术语的定义、功能和分类进行详细介绍。

随后，Faerch & Kasper（1989）对实施请求言语行为时内部修饰语和外部修饰语中的迁移问题做了更广泛的调查。该研究的语料来自母语为丹麦语的英语和德语学习者，发现了三类语用语言迁移：丹麦德语学习者将形式上相似的丹麦语的情态动词迁移到德语中，导致言语行为意图或礼貌效果歪曲；丹麦语中的咨询手段被迁移到德语中去；学习者在德语表达中仍遵循丹麦语中的否定规则。另外，丹麦德语学习者将"疑问＋否定"结构从丹麦语迁移至德语，而丹麦英语学习者未将此结构迁移至其英语中介语中。Takahashi（1996）认为原因在于，丹麦语—德语的心理类型距离比丹麦语—英语更近，母语—二语的心理类型距离影响母语迁移。

Trosborg（1995）采用角色扮演的方法，通过与丹麦本族语者和英国英语本族语者比较，研究了丹麦英语学习者（按英语水平分高、中、低三组）的请求行为，结果发现：三个水平组都存在语用迁移。其中，在直接程度方面，迁移体现在中、低水平组直接策略使用不足（如祈使句）。在内部修饰语方面，迁移体现在三个组均过去时使用不足而过度使用现在时；中级水平组过度使用疑问句（Interrogative）；三组均很少使用进行体，原因是丹麦语中没有进行体这一句法结构；中、高水平组学习者因受母语丹麦语影响，在英语中过度使用犹豫词。在外部修饰语方面，丹麦本族语者、丹麦英语学习者的支持性话步使用均少于英语本族语者。此结论与上面两个研究即House & Kasper（1987）和Faerch & Kasper（1989）结论不同。Trosborg（1995）认为研究结论不同的原因有二：其一，研究工具不同，Trosborg采用的研究工具是角色扮演，而非话语补全任务（DCT）；其二，该研究在情境设计时将强加度（R）设为恒变量，所有情境都是高强加度，仅考虑相对权势（P）和社会距离（D）这两个因素。

Byon（2004）采用DCT工具比较了美国的韩语学习者（KFL）、

美国英语本族语者和韩语本族语者的社交语用特征。结果表明：首先，中心行为语存在语用迁移，KFL 和美国英语本族语者更偏向于使用探询型，但是很少用语气引导型和礼貌的直接请求策略，韩语本族语者则正相反。其次，外部修饰语同样存在语用迁移。KFL 和美国英语本族语者问候语的使用比韩语本族语者更频繁，但道歉及自我介绍则不及韩语本族语者频繁。并且 KFL 和美国本族语者一样，在提供任何原因语之前都倾向于提出请求；然而，韩国人则先说明原因，然后再做请求。在社交语用层面上，迁移体现在 KFL 缺少对社会地位的敏感度。韩语本族语者向地位高的人做请求时倾向于使用委婉策略如探询型（Query Preparatory）；向地位低的人做请求时则转向使用直接策略如语气引导型（Mood Derivable）。然而，KFL 和美国英语本族语者在所有情境中均广泛使用探询型请求策略形式，而不考虑对方的社会地位，这体现了他们已经将平等的美国文化价值观根植于韩语中介语中。

近几年，关注请求言语行为语用迁移的研究不断增加。Kim（2007）采用话语补全任务（DCT）和半结构化访谈的方法，通过对 30 名韩国英语学习者和 30 名美国英语本族语者请求言语行为的跨文化对比，研究了学习者英语请求言语行为中的韩语迁移程度以及个体主观动机可能对语用语言选择产生的影响。结果表明：韩国英语学习者的请求言语行为在直接程度、请求中心行为语人称指向性、内部修饰语和外部修饰语的使用频率等方面都存在语用迁移。通过对韩国英语学习者的访谈发现：首先，受试能意识到请求时的不同规则，且学习者对二语英语语用规则的判断、对母语的感知以及对英语的态度都会对他们语言的使用产生决定性的影响；第二，学习二语的目的、学习者不同的动机类型和居住时间等决定了语用迁移的程度；第三，无法达到英语本族语者的熟练程度、害怕脱离本族文化以及把母语作为文化身份的标志等因素都可能影响学习者语用的选择。

随后，又有学者关注母语为汉语的英语学习者请求言语行为（如 Li C., 2009；Li W., 2009；Wang, 2011）。Li C.（2009）采用定性人种学个案研究的方法，从质性的分析角度探索了中国英语学习者请求言语行为中的语用迁移和语篇迁移。研究以 12 名香港某高校大学生（均来自内地）为主要调查对象，以 6 名加拿大英语本族语者为参照，通过开放式角色扮演收集语料，之后对调查组受试进行探查回忆访谈。结果显示，学习者英语请求语行为存在不同程度的语用语言迁移、社交语用迁移及语篇迁移。首先，在语用语言层面，学习者在缓和语使用上存在明显的中介语特征，同时，学习者由于受汉语影响，内部修饰语使用不足，但过度使用外部修饰语（表现为冗长和遁辞）；其次，在社交语用层面，母语文化中对礼貌、面子、权利和义务等的感知在一定程度上影响学习者的目标语请求；另外，学习者在使用请求策略方面表现出个体差异，一方面是受母语语篇风格所影响，另一方面是性格等个体因素所导致。

Li W.（2009）以电子邮件产出问卷（E-mail Production Question-naire, 简称 EPQ）为工具，研究了中国英语学习者英文电子邮件请求言语行为中的汉语迁移，包括语用语言迁移和社交语用迁移。在问卷中，研究者根据相对权势、强加度，共设计四个情境。该研究以中国英语学习者为调查组（分为高水平组和低水平组），汉语本族语者和澳大利亚英语本族语者为对照组，共收集 580 封邮件。研究发现，学习者英文电子邮件中的请求言语行为在使用频率（包括直接程度、策略类型、内部修饰语、外部修饰语）、请求内容、修饰语平均话语量三个层面均存在一定程度的语用语言迁移和社交语用迁移。另外，高水平英语学习者语用迁移程度高于低水平英语学习者，此结论支持 Takahashi & Beebe（1987）的正迁移假设。

2. 其他言语行为二语语用迁移研究

除请求言语行为外，对其他言语行为的语用迁移研究主要集中在道歉、拒绝。Cohen & Olshtain（1981）是最早研究言语行为语用迁移的学者，他们采用角色扮演的方法研究了希伯来英语学习者的道歉言语行为，研究结果表明：学习者在用目标语实施道歉时，其母语的一些特征发生了迁移。该研究将道歉策略进行了细致分类，这一分类成为后来许多道歉言语行为研究的基础，并得到了其他研究者的充实和发展（Trosborg, 1987；Garcia, 1989；Blum-Kulka *et al.*, 1989；Bergman & Kasper, 1993）。上述学者的研究方法和研究内容虽然各有侧重，但他们的研究均发现学习者在用目标语实施道歉时确实存在不同程度、不同类型的迁移。

Beebe *et al.*（1990）采用话语补全任务（DCT）为工具收集语料，研究了日本英语学习者的拒绝言语行为。研究抽取了 20 名日本英语学习者、20 名日本本族语者和 20 名美国本族语者，话语补全任务包含 12 个情境（请求、建议、邀请和提供各 3 个），而后从语义程式（包括直接、间接程式和附加语）来分析收集的数据。研究表明，学习者在用目标语实施拒绝时发生了语用负迁移，主要体现在语义程式的顺序、频率、内容三个层面，并且语用负迁移影响了学习者目标语拒绝策略的选择。此研究引起了学者对言语行为迁移研究的热潮。其他拒绝言语行为语用迁移研究同样发现存在语用迁移（如Takahashi & Beebe, 1987；Robinson, 1992）。

除道歉、拒绝外，有一些学者关注了其他言语行为。DeCapua（1989）对母语为德语的英语学习者的抱怨言语行为进行了研究，研究发现学习者常把与母语一致的语言形式直接迁移到目标语中；Takahashi & Beebe（1993）对母语为日语的英语学习者的纠错言语行为进行了研究，发现学习者在决定教授和学生的谈话中应该采用何种适切的表达时，倾向于将他们母语日语中的关系定位（status rela-tionship）迁移过来，从而造成社交语用负迁移。研究还发现，日、美两种文化之间不同的礼貌取向（正面子、负面子）也会导致母语的迁移。Chiang & Pochtrager（1993）对中国英语学习者和美国本族语者实施恭维回应的言语行为进行了对比研究，发现中国英语学习者在使用目标语回应恭维时，母语中的恭维回应策略发生了迁移。

国内对除请求外的其他言语行为语用迁移也有所关注。朱德光（2013）采用了话语补全任务和语境适切性评价调查问卷的方法研究了中国英语学习者在表达和感知层面的语用迁移以及二语水平与语用迁移的关系。研究通过对 54 名中国汉语本族语者、30 名美国英语本族语者、111 名中国英语学习者（根据英语水平分为高、中、低三个水平组）提供的语料进行对比和分析，发现：在表达层面，不同水平中国英语学习者批评言语行为的语义程式和修饰语发生了不同程度的语用迁移，总体上语用迁移的程度随着学习者二语水平的提高而呈下降趋势；在感知层面，中国英语学习者对中国汉语本族语者和美国英语本族语者的批评言语行为语境适切性的评价发生了不同程度的语用迁移，总体上语用迁移的程度随着二语水平的提高而减少，与表达层面二语水平和语用迁移的关系基本一致。

（二）国内外语用迁移与二语水平关系研究

语用迁移的影响因素研究是语用迁移研究的一个重要方面。正如 Bou-Franch（2012）所言，语用迁移研究的主要目标之一就是发现促进或抑制其发生的因素。

影响语用迁移的因素既有社会语言文化本身的结构性因素也有外部的非结构性因素。结构性因素包括母语与目标语在语言语法规则、社会语用模式上的异同点，非结构性因素包括学习者外部因素（如学习环境及在目标语社区居留时间）和学习者内部因素（如对母语和目标语社区的态度、对母语和目标语之间语言和文化距离的感知、二语水平）（Kasper, 1992；Gass & Neu, 2006）。

二语水平作为影响语用迁移的因素之一，一直受到研究者的关注。但关于学习者二语水平与语用迁移的关系，至今仍无定论，存在以下不同观点：（1）二者呈正相关：学习者的二语水平越高，把握目标语的能力越强，越容易将母语中的语用特征融入目标语，语用迁移越多；（2）二者呈负相关：学习者的二语水平越高，越不易受母语影响，语用迁移越少；（3）二者没有明显的相关关系：不同水平的学习者在使用目标语时出现语用迁移的差异并不明显；（4）二者呈倒 U 型关系：在二语学习初级阶段，因受二语水平制约，母语语用迁移较少；而在中级阶段，随着二语水平尤其是语法水平提高，语用迁移增多；进入高级阶段，由于学习者在形式与功能对应方面知识的扩展，母语语用迁移现象又逐渐减少。（5）母语迁移与二语水平关系复杂，不能将两者关系简单地概括为正相关或者负相关。

下文将对二语水平与语用迁移关系及相关研究进行详细阐述。

最早提出二语水平与语用迁移关系正相关假设的可能是 Taka-hashi & Beebe（1987）。他们认为随着学习者二语水平的提高，语用迁移会随之增加。具体来说，低水平学习者由于受目标语（语言）知识所限，不能够将复杂的母语语用知识迁移到目标语中去；而高水平学习者对目标语控制能力更强，他们的目标语水平足以在语用层面表达在他们的母语中自然表达的感情，因此相对于低水平的学习者，高水平学习者更有可能将他们母语中的社会文化准则迁移到目标语表达中去。为验证正相关假设，研究者对不同英语水平的日本英语学习者用目标语实施拒绝言语行为的情况进行了研究。共有 80 名被试参加了该研究，包括 20 名日语本族语者、20 名英语本族语者、40 名日本英语学习者（其中 20 名为日本本土的 EFL 学习者，20 名为在美国的 ESL 学习者，两者又各自根据英语水平分为低水平组和高水平组）。研究发现：虽然从日语向英语的迁移在两种环境（即 EFL, ESL）以及两种水平上都有发生，但他们的研究并没有明确证明二语水平与语用迁移的正相关假设。EFL 学习者英语水平差异对语用迁移的影响并没有出现，至于 ESL 学习者，语义程式的顺序和频率也只是微弱地证实了他们的正相关假设。

Takahashi & Beebe（1987）的研究虽然没有证明他们提出的二语水平与语用迁移的正相关假设，但正相关假设得到了 Trosborg（1987）、Olshtain & Cohen（1989）的支持，并在 Kwon（2003）、Li W.（2010）、卢加伟（2010）等人的研究中得到了验证。其中，Kwon（2003）和卢加伟（2010）研究专门考查了二语水平与语用迁移关系。

Kwon（2003）研究了不同英语水平韩国英语学习者拒绝言语行为中的语用迁移，结果发现：三组被试（分别为低、中、高水平组）在拒绝言语行为的语用程式使用频率和内容上都存在迁移。在使用频率方面，高水平英语学习者语用迁移数量最多，中等水平组次之，低水平组最少；在语用程式内容迁移方面，仅有具备足够目标语知识的高水平英语学习者能够将具有典型母语特征的内容迁移至目标语中去。

同样，卢加伟（2010）发现中国英语学习者在拒绝言语行为的语义程式使用频率和排列顺序上，二语水平与语用迁移的关系基本呈正相关关系，即语用迁移的程度随着学习者二语水平的提高而增强。

但是，并不是所有研究都支持 Takahashi & Beebe（1987）的正相关假设，也有研究发现二语水平与语用迁移呈负相关（如 Maeshiba *et al.*, 1996；朱德光，2013）。Maeshiba *et al.*（1996）为检验 Takahashi & Beebe（1987）的假设做了一项研究，考察了在美国夏威

夷大学学习的中、高级日本英语学习者的道歉言语行为。研究发现，
中等水平的学习者比高水平学习者更多地迁移了一语的道歉策略。
具体而言，在 20 种不同语境中，高水平学习者只在 2 种语境中依赖
一语道歉策略，而中级水平学习者却在 6 种语境中迁移一语道歉策略。
该研究结果并不支持 Takahashi & Beebe（1987）的语用迁移与二语
水平的正相关假设，反而表明语用迁移与二语水平呈负相关。

　　朱德光（2013）的研究也同样支持负相关假设。如前文所述，
该研究考察了中国英语学习者在批评言语行为表达和感知层面的语
用迁移以及二语水平与语用迁移的关系。结果发现：在表达层面，
不同水平中国学习者批评言语行为的语义程式和修饰语发生了不同
程度的语用迁移，总体上语用迁移的程度随着学习者二语水平的提
高而呈下降趋势；在感知层面，总体上语用迁移的程度随着二语水
平的提高而降低，与表达层面二语水平和语用迁移的关系基本一致。

　　同样，Takahashi（1996）、赵燕（2009）的研究也不支持 Taka-
hashi & Beebe（1987）的正相关假设，他们的研究发现语用迁
移和二语水平之间没有明确的正相关或负相关关系。其中，赵燕
（2009）以请求言语行为为例，对语用迁移与二语水平关系进行
了实证研究，研究发现：不同水平组的学习者在用目标语实施请
求时，他们使用的语义程式及内容出现语用迁移的差异并不明显。
据此，该研究认为二语水平与语用迁移没有明显的相关关系。

　　此外，还有研究表明语用迁移与二语水平之间不是简单的正相
关或负相关关系，而是更为复杂的倒 U 型关系（Hassall, 1997；顾晓乐，
2008）。顾晓乐（2008）调查了不同英语水平的中国英语学习者实施
恭维的能力，以揭示英语水平对其语用能力发展的影响。研究发现：
语用迁移现象随着学习者二语水平的发展呈现倒 U 型趋势，即在初
级阶段，受有限的语言能力制约，语用迁移现象并不多见；而在中

级阶段，语法能力的提高推动了语用迁移的发生；进入高级阶段，由于学习者在形式与功能对应方面知识的扩展，语用迁移现象又逐渐减少。

有关语用迁移与二语水平的关系，除上述观点外，还有研究认为两者关系复杂，不能简单描述地为正相关或负相关（如 Barron，2003；杨仙菊，2006）。以杨仙菊（2006）研究为例，该研究对不同水平的中国学习者英语请求言语行为进行了调查，研究发现：虽然低、中、高三个水平组学习者都表现出母语语用迁移的特征，但母语迁移与二语水平关系复杂，具体而言，母语的语用语言迁移（如使用直接策略、过度使用礼貌标记语等）随二语水平提高而减少，而母语社交语用迁移（如使用道歉、承诺、说教、移情等各种请求辅助语）可能随二语水平提高而增多；此外，学习者英语"体"使用不足，且将附加语与其他缓和语形式同时使用，在这两个方面母语迁移与二语水平却没有明显的相关关系。该研究只是部分验证了 Takahashi & Beebe(1987)的正相关假设。研究认为母语迁移与二语水平关系复杂，不能将两者关系简单地概括为正相关或者负相关关系。

从杨仙菊（2006）研究可见，即使在同一研究中，在不同方面，母语迁移与二语水平的关系表现出不同特征。再如，Hassall（1997）采用互动性角色扮演法研究了澳大利亚印尼语学习者的请求言语行为，发现需要陈述型和暗示型两种请求策略形式的使用与二语水平呈负相关，组织会话的能力与二语水平同时发展，学习者习得语言形式简短的请求策略的过程则呈倒 U 型。

总之，现有研究结论不一，学界对二语水平与语用迁移关系仍存争议。两者之间关系复杂，因此有必要进一步开展相关研究，以深入探讨二语水平对语用迁移的影响。

二 三语语用迁移研究

上一节回顾了国内外二语语用迁移研究，重点介绍了请求言语行为二语语用迁移研究及二语水平与语用迁移关系研究。本节将对国内外三语语用迁移相关研究予以梳理与述评。

（一）国外三语语用迁移研究

国外二语语用迁移研究成果丰硕，然而三语语用迁移研究数量极为有限，从已掌握文献看，仅有四项相关研究（如 Fouser, 1995a, 1997；Mansi, 2009；Koike & Palmiere, 2011）。

Fouser（1995a）最早关注了三语语用迁移，提出了研究构想，以悉尼大学具有不同母语、二语背景的日语（三语）学习者为调查组，以日语本族语者为对照组，采用多样化研究工具，以验证三语学习者感知的母语/二语与三语之间的语言和文化距离决定三语交际中母语、二语迁移。作者预测，成功经历三种语言、文化系统复杂性历练的学习者，将会逐渐呈现出其"第三自我"（a third self）。此研究是最早将三语习得与中介语语用学结合的研究，具有重要意义。另外，作者提出采用态度与动机问卷、日语 C-test、日语商务信函写作任务、开放式和封闭式话语补全任务、有声思维、回顾性访谈及课堂观察等多种工具收集数据。但遗憾的是，作者仅提出了研究构想，并未做实证研究。

随后，Fouser（1997）通过观察一位高水平三语（日语）学习者（母语为韩语，二语为英语）来研究心理语言距离、学习者三语熟练程度与语言迁移之间的关系。研究表明，由于学习者认为母语韩语与三语日语的语言距离较近，因此语言迁移多发生在母语与三语之间，并且这种迁移能够帮助学习者提高三语日语的水平，然而学习者较高的三语水平却没有有效地提升其语用能力。从已掌握文献看，此研究是最早的三语语用迁移实证研究，相对于 Fouser（1995a）

研究构想是一种进步。在研究中，作者重点考察了心理语言距离对语用迁移的影响，以及三语水平与三语语用能力发展的关系。同样，作者采用了多种工具收集数据，具体有 C-test、翻译任务（日译韩）、话语补全任务、话语评价任务（Discourse Evaluation Task，简称 DET）、日语短文写作、语言学习背景问卷、回顾性访谈，要求调查对象完成翻译和话语补全任务时进行有声思维。不足的是，研究仅以一个人为调查对象，如能增加被调查者人数，结果将会更有说服力。

Mansi（2009）以话语补全任务为工具，研究了三语学习者（母语为英语、二语为印地语、三语为西班牙语）西班牙语请求和致歉言语行为中的语用迁移现象，比较了母语和二语在迁移中的作用并分析了原因。通过与双语者（母语为英语，二语为西班牙语）和单语者（印地语）的对比，研究发现：三语学习者三语（西班牙语）请求和致歉言语行为中存在语用迁移现象，并且学习者三语言语行为很大程度受母语（英语）的影响，而来自二语（北印度语）的影响非常有限。主要原因在于：学习者普遍认为西班牙语与北印度语距离较远，而与英语距离较近；另外，学习者因长期在美国生活，深受美国社会文化的影响。此研究结论与 Fouser（1997）一致，即心理语言距离是影响三语语用迁移的重要因素。但正如作者自己所指出，该研究也存在一定不足：首先，研究以话语补全任务为工具收集数据，这种以书面形式收集口语语料的数据收集方式一直受到学界质疑；其次，对三语者二语水平的判定以被调查者自我汇报、评估，以及研究者对其访谈后评估结果为主要依据，并未对其二语水平进行测试，因此调查对象二语水平判定的客观性和科学性有待商榷；再次，人数偏少，调查组和对照组合计仅 21 人。

Koike & Palmiere（2011）通过对比三语学习者（母语为英语，

二语为西班牙语，三语为葡萄牙语）、双语者（母语为英语，二语为西班牙语）、单语者（母语为西班牙语），以此来考察三语学习者在实施请求言语行为（口语形式和书面语形式）过程中是否存在语用迁移现象，以及三组对象在口语形式和书面语形式的语用表达方面是否存在差异。收集口语形式语料时，要求调查对象用葡萄牙语口头对请求情境作出回应，限时2分钟，数据将会记录在电脑中；书面语语料则通过传统DCT工具采集。研究表明：三组对象在口语形式和书面语形式反馈存在不同，但很少数据可以明确证实语用迁移的存在，大多数的迁移仅来自于词汇层面，并且反馈也根据具体的情境各有不同，因此不能明确证实迁移的存在。另外，该研究还表明，总体而言，三语学习者比二语学习者使用更多的语用学习策略，且他们的语言加工顺序也是不同的。该研究的创新在于将口语形式和书面语形式的语用表达同时纳入研究并进行比较。但与之前三语语用迁移研究一样，该研究调查者人数偏少，调查组和对照组合计仅28人。

以上研究将三语习得语言迁移研究拓展到语用层面，因此具有重要意义。然而，这几项三语语用迁移研究均为定性研究，且没有一个标准的衡量方式。再者，研究样本过小也给以上研究结果带来了一定的局限性，无法反映普遍情况。

从仅有的几项相关研究来看，对三语习得中是否存在语用迁移没有一致性结论。Fouser（1997）和Mansi（2009）两项研究发现，在三语习得过程中存在语用迁移，但也有研究（如Koike & Palmiere, 2011）则不能确定是否存在语用迁移。相对于二语语用迁移，三语语用迁移更为复杂，值得进一步探索。

其次，Fouser（1997）和Mansi（2009）在研究中均发现，心理语言距离是影响三语语用迁移的最重要因素。但这两项研究有一共性特征，即母语或二语之一与三语语言距离较近。如果三种语言都不属于同一语族，语用迁移的情况将会如何？目前尚无研究涉猎这一领域。只有被试三种语言的类型差别较大时，影响多语习得中语言迁移的研究结果才更有说服力（俞理明等，2012）。

另外，三语习得中三语者的三语水平与母语、二语语用迁移的关系将更为复杂。而此问题在以上研究中并未得到关注，因此，在这一方面仍存在空缺，有进一步研究的空间。

（二）国内三语语用迁移研究

同国外相比，国内的三语语用迁移研究起步更晚，从 2012 年开始出现相关研究，目前仅有几位学者对此有所关注（如田有兰、刘彬，2012a，2012b；刘惠萍，2012；刘惠萍、张绍杰，2012）。

田有兰、刘彬（2012a）将语用迁移放至三语背景中，从语用语言迁移与社交语用迁移两个层面对少数民族学生（分别为傣族、彝族、白族和哈尼族）英语学习中的语用迁移现象进行了研究。研究发现，四个少数民族的学生在英语学习中均存在语用迁移，但不同民族语用迁移的程度有所不同。该研究关注点是语用失误，作者认为造成语用失误的主要原因是学生在目标语交流中对语用策略的掌握存在较大问题，不恰当地在语义和句法上寻求与母语对等的错误，另外存在在交际过程中把母语的行为方式套用到特定语境中的现象。

而后，田有兰、刘彬（2012b）又通过对五个民族（汉族、彝族、白族、哈尼族和傣族）的调查发现二语和三语背景下的学习者在英语学习过程中都存在语用迁移现象。二语和三语背景下的学习者在语用迁移上没有表现出显著差异。这说明语言背景不是造成差异的主要原因，语用知识的灌输在语言学习中尤显重要。田有兰、刘彬（2012a，2012b）两项研究关注的重点是少数民族学生英语学习中的语用失误，但并没有从三语习得理论层面分析语用迁移的来源及影响因素。

国内另一位关注少数民族三语语用习得的学者是刘惠萍。刘惠萍、张绍杰（2012）抽取了三组调查对象，分别为新疆高校维吾尔族三语者（母语为维吾尔语，二语为汉语，三语为英语）、双语者（母语为维吾尔语，二语为汉语）和单语者（维吾尔语）。通过对比三组调查对象请求策略的使用情况，发现三组调查对象主要倾向于使用直接策略和规约性间接策略，这体现在三语习得过程中学习者的母语和汉语（二语）对学习者使用英语（三语）进行请求策略的选择产生交互影响，这种影响与心理语言距离有关；研究还发现，三组调查对象均倾向于使用四种策略形式，即语气引导型、需要陈述型、探询型和强暗示型，主要体现在：三语者对探询型的使用受汉语的影响更显著，对需要陈述型的使用受维吾尔语的影响更显著，对语气引导型的使用受汉语和母语的影响均不显著，对强暗示型的使用三组表现出一致性但使用比例均很低。这说明母语和汉语对学习者英语请求策略选择的影响表现出复杂性，且汉语对学习者英语的影响较大，因此语用迁移与语言距离没有必然的联系。

刘惠萍（2012）通过对比维吾尔族英语学习者（UEL）和汉族英语学习者（CEL）请求言语行为语用策略特征，发现维吾尔族英语学习者和汉族英语学习者的请求言语行为语用策略具有一定的相似性，这说明言语行为语用策略具有普遍性。由于学习者母语语用迁移的影响与社会变量因素的相互作用，使得维吾尔族英语学习者与汉族英语学习者请求言语行为语用策略存在异同，这也反映了各自不同的社会文化特征。

然而，刘惠萍（2012）和刘惠萍、张绍杰（2012）的研究存在一定局限性。首先，在研究内容方面，他们的研究主要对比维吾尔族英语学习者与汉族英语学习者请求策略，关注了各自母语对其英语学习的影响，虽然对维吾尔族学生英语学习中的维吾尔语、汉语迁移有所涉及，但不够深入。作者在其论文中也建议，应根据三语习得研究中提出的理论观点有针对性地开展实证研究，以弥补语用迁移研究的不足。另外，他们的研究没有考查三语水平与母语、二语迁移的关系。其次，在研究对象方面，他们研究中的对照组中并不包括英语本族语者，且调查组（即三语组，维吾尔语—汉语—英语）选取的是维吾尔族"民考汉"学生，而本研究选用的则是维吾尔族"民考民"学生。所谓"民考民"即我国高考中一项针对使用本民族语言文字的少数民族考生的特殊政策。维吾尔族"民考民"学生在参加高考时使用维吾尔语答卷，其小学、中学的授课模式为：所有科目用维吾尔语，加授汉语文。"民考民"与"民考汉"相对。"民考汉"即学生从小与汉族学生一起上课，所有科目均通过汉语学习，高考时与汉族学生一样用汉语答卷。因此，"民考汉"学生汉化程度较大，不利于研究，鉴于此，本研究选取"民考民"学生进行调查。再次，在研究方法方面，他们的研究属于定量研究，采用传统的 DCT 工具收集语料并进行量化分析，通过该方法所收集的语用迁移证据大都是语言本身的证据，却未能通过关注学习者内省的方式获得迁移的认知或心理证据。

通过上述对国内外三语语用迁移研究的回顾与评述，我们可以发现：第一，从研究数量上看，虽然学界对三语语用迁移有所关注，但数量仍十分有限。第二，已有研究对三语习得中是否存在语用迁移以及影响迁移的因素等问题结论不一，有待进一步探索。第三，在研究对象方面，多数研究尤其是国外研究样本过小，结果说服力减弱。第四，从研究方法来看，国外研究多为定性研究，国内则均为定量研究，鲜有定量及定性相结合的研究范式。第五，在研究内容方面，目前国内的几项研究侧重对少数民族学生与汉族学生语用策略的对比，或对少数民族学生英语学习中语用失误的调查，但并没有从三语习得理论层面分析语用迁移的来源及影响因素；另外，无论是国外还是国内研究，均未关注学习者三语水平与母语、二语语用迁移关系的问题。第六，现有研究中对于三语语用迁移判断的标准阐释不够充分，这可能会对研究结论产生一定的影响。

第四节　本研究的概念框架

针对现有三语语用迁移研究存在的不足，本研究以三语组（维吾尔族英语学习者）为主要调查对象，采用电子邮件写作任务和回顾性访谈收集数据，在三语习得视域下从请求言语行为入手对维吾尔族学生英语学习中的维吾尔语、汉语迁移现象进行研究。

为揭示研究现象的深层机理，在研究正式开始之前，研究者需要初步构建针对研究内容的概念框架，以此来指导随后的研究设计、实施和研究资料的分析。Miles & Huberman（1994）认为：概念框架是以文字陈述或图表的方式对研究现象的构成维度，如主要因素或变量，以及这些维度之间的关系进行描述和解释。概念框架的构建既可以基于理论，也可以基于常识；既可以是客观描述性的，也可以是有较为严密的逻辑关系。

本研究的研究目的之一在于考察和分析维吾尔族学生英语请求言语行为中维吾尔语、汉语迁移情况，包括迁移的表现、程度及影响因素。研究以 Blum-Kulka *et al.*（1989）跨文化言语行为实现方式研究项目（CCSARP）中的请求言语行为分析框架为基础，从请求策略形式、内部修饰语和外部修饰语三个层面对语用迁移现象进行分析。另外，通过第二章第三节对前人研究的回顾，我们可以发现：

影响三语习得中语言迁移的主要因素有语言距离、二语地位、二语和三语水平、近现率等。在维吾尔族学生用英语实施请求过程中，维吾尔语和汉语迁移程度是否存在差异？这些因素对两种语言的迁移产生怎样的影响？上述问题将在本研究中得以回答。

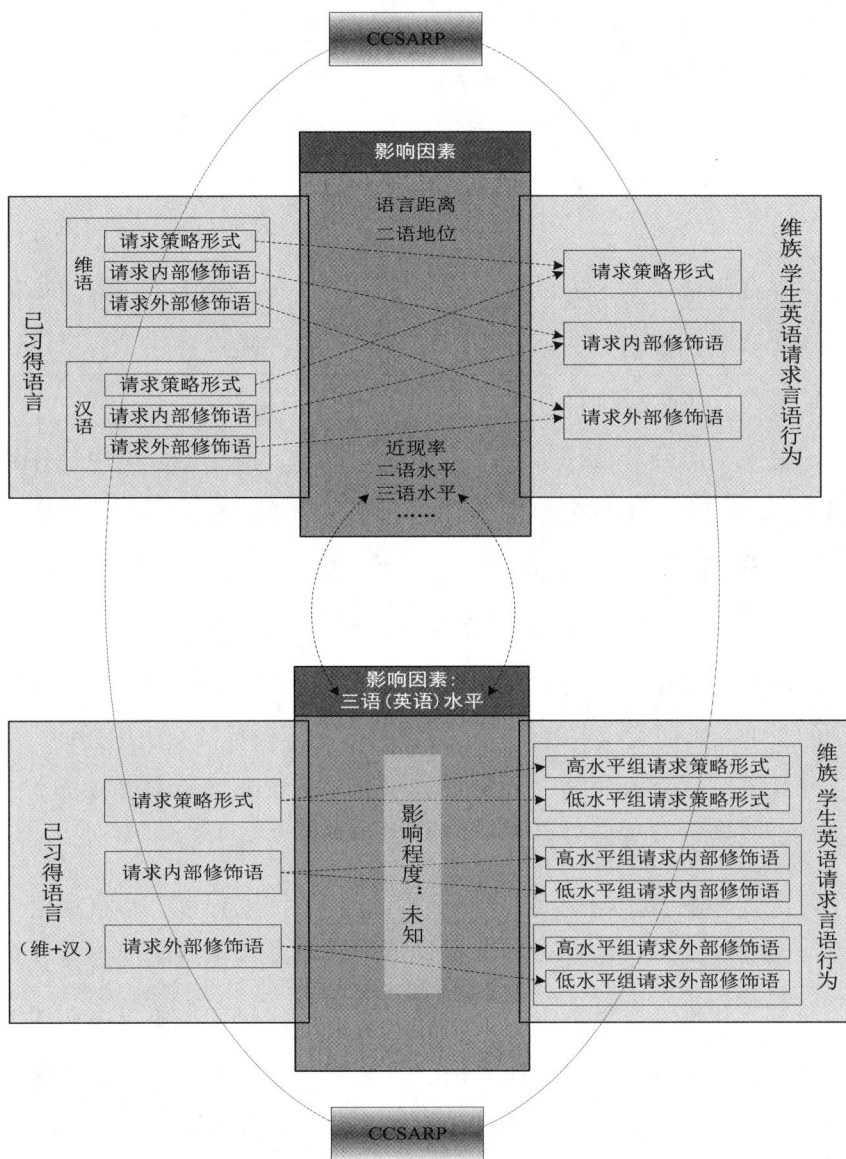

图 2.1 本书的概念框架

三语习得语言迁移影响因素之一是三语水平。维吾尔族学生三语（英语）水平如何影响已习得两种语言（维吾尔语、汉语）迁移？本研究另一研究目的在于探究三语水平与已习得语言迁移的关系。

基于前人文献，结合本研究的研究目的，我们构建了如下概念框架（见图2.1）。

第五节　小结

本章阐释了本研究的主要相关概念，梳理、分析了三语习得语言迁移影响因素研究，回顾了语用迁移研究并重点评述了三语语用迁移研究，在此基础上构建了本研究的概念框架。

首先，研究者梳理了三个主要相关概念，即三语、语用迁移和请求言语行为。本研究的主要调查对象是内地高校维吾尔族英语学习者，他们在掌握维吾尔语和汉语后学习英语，因此英语是其"三语"。本研究中的"语用迁移"是指维吾尔族英语学习者已有的维吾尔语、汉语两种语言语用知识对其英语（三语）请求言语行为的产出所施加的影响。本研究仅关注语用语言迁移，即不包括社交语用迁移。

其次，研究者回顾了三语习得中语言迁移的影响因素及相关研究。当学习者已掌握两门语言时，这两门语言都会对第三门语言的学习产生影响。影响三语习得中语言迁移的因素很多，本章重点介绍了语言距离、二语和三语水平、二语地位、近现率等因素及其相关研究。从现有文献看，三语习得中语言迁移研究主要集中在词汇和句法方面。另外，由于研究内容、对象及方法不同，已有研究对以上影响因素在迁移中作用结论有所不同，因此有必要在此领域进一步深入研究。

再次，研究者梳理了语用迁移研究并重点评述了国内外三语语用迁移研究。通过对文献的回顾与分析，我们发现三语语用迁移研究较为鲜见，且已有研究均未关注三语水平与已习得语言（一语、二语）迁移关系这一问题。另外，相关研究还存在样本小、研究工具单一等不足。针对上述不足，在本章最后，研究者提出了研究聚焦并构建了本研究的概念框架，为后续的研究设计、实施和研究资料分析奠定了基础。

下一章将在本章文献回顾的基础上，对本研究的研究设计进行详尽汇报。其中主要包括研究问题、研究对象的选择及简况、研究工具及选择理据、数据收集过程及分析方法等内容。

第三章　研究设计

在第二章文献回顾的基础上，本章将对本研究的研究设计进行详细阐述，旨在表述研究者对本研究在哲学观上的认知，以保证本研究操作过程中研究方法的选择、研究对象的确定、研究工具的使用、数据和资料的采集与分析、资料和数据的呈现等方面能体现出应有的科学性、系统性和逻辑性。本章共分为七个小节，具体内容包括：

在本章第一节，研究者明确提出了本研究的研究问题；第二节介绍了四组研究对象选取的原则与方法，具体包括一个调查组和三个对照组；在第三节中，研究者交代了本研究的两个研究工具——电子邮件写作任务（EWT）和回顾性访谈，阐明了研究工具的选择理据，论证了电子邮件写作任务中情境设计的原则；第四节详尽阐述了数据收集的过程与分析方法，其中对电子邮件写作任务语料收集与分析的描述包括三个次节：语料收集的过程、语料标注方案以及本研究的语料分析框架，同时，本节对回顾性访谈数据的收集与分析情况进行了介绍；在第五节、第六节中，研究者分析了本研究的信度与效度，并交代了对研究伦理的遵守和执行情况；最后，在本章的第七节，我们对第三章进行了回顾性小结。

第一节　研究问题

基于第二章的文献回顾，本研究以维吾尔族英语学习者为主要调查对象，通过量化、质化兼取的混合研究方法，在三语习得理论视域下从请求言语行为入手对学习者英语学习中的维吾尔语、汉语迁移现象进行研究。

本研究主要探讨以下问题：

1. 维吾尔语、汉语对维吾尔族学生英语请求言语行为产生了怎样的影响？具体表现在哪些方面？维吾尔族学生英语请求言语行为受哪种语言影响较大，维吾尔语还是汉语？为什么？

2. 维吾尔族学生英语水平与已习得两种语言迁移之间的关系如何？具体表现在哪些方面？

第二节　研究对象

研究对象的选择对所收集数据和资料的信度效度都有重要影响。研究对象的选择应关注三方面要素：研究对象的范围、研究对象的人数及抽样策略（郑新民、王玉山，2014）。本研究调查了四组共计192名研究对象，包括一个调查组和三个对照组，所有研究对象均为在校大学生。其中，调查组为维吾尔族英语学习者（L1维吾尔语—L2汉语—L3英语），也称三语组，目前就读于内地高校。三个对照组分别为维吾尔语本族语者组、汉语本族语者组及英语本族语者组。下文将对各组研究对象的具体情况进行详细介绍。

一 调查组——维吾尔族英语学习者

调查组是本研究的主要调查对象,由 92 名维吾尔族英语学习者组成,他们在掌握维吾尔语和汉语之后学习英语,是典型的三语者,因此本研究中也将该组研究对象称为"三语组"。

调查组所有对象的选择均依据一定的标准,其语言及教育背景应符合如下条件:母语为维吾尔语;小学和初中在新疆地区使用本民族语言的学校学习,小学阶段为"民考民"[①]学生,所有科目均使用维吾尔语授课;初中阶段为"民考民"或"双语班"[②]学生,所有科目或文科科目使用维吾尔语授课;高中阶段在内地中东部发达地区开办的"内地新疆高中班"[③]学习,所有科目使用汉语授课,高考时使用汉语答卷;目前就读于内地高校,进入大学后,根据所学专业和汉族学生统一编班。

之所以选择小学为"民考民",初中为"民考民"或"双语班",高中在"内高班"学习,且目前就读于内地高校的维吾尔族学生作为调查对象,原因在于本研究旨在探讨维吾尔语、汉语对维吾尔族学生英语的影响,因此对调查对象三种语言的水平均有一定要求。

---

① "民考民"是我国高考中一项针对使用本民族语言文字的少数民族考生的特殊政策。维吾尔族"民考民"学生在参加高考时使用维吾尔语答卷,其小学、中学的授课模式为:所有科目均用维吾尔语授课,加授汉语文。"民考民"与"民考汉"相对。"民考汉"学生从小与汉族学生一起上课,所有科目均用汉语学习,高考时与汉族学生一样用汉语答卷。

② 近年来随着双语教育的推行,"民考民"中一部分汉语学习好的学生分离出来形成"双语班",按双语教育模式授课,主要授课模式有两种:模式一为文科用母语授课,理科用汉语授课;模式二为所有科目用汉语授课,加授母语文。本研究中初中阶段就读于"双语班"的学生,均使用模式一授课。

③ "内地新疆高中班"简称为"内高班"。为加快新疆少数民族人才的培养,教育部 2000 年开始在内地发达省区、市开办新疆高中班,每年选拔新疆的优秀初中毕业生到"内高班"就读,是利用发达地区的教育优势智力支援新疆的一种教育模式。"内高班"学制四年,含预科一年。学生不分民族统一编班,使用汉语文授课。预科阶段重点补习初中的汉语文、英语和数、理、化课程,以达到初中毕业水平。

首先，维吾尔语是调查对象的母语。"民考民"学生由于所有课程均用维吾尔语授课，因此具备维吾尔语听说读写能力。同"民考汉"学生相比，"民考民"学生的维吾尔语水平更高。"民考汉"学生从小与汉族学生一起学习，所有课程均用汉语授课，没有在课堂环境下学习过维吾尔语，因此多数"民考汉"学生只具备维吾尔语听说能力，不具备维吾尔语读写能力。其次，汉语是调查对象的第二语言。本研究中的所有调查对象均从小学三年级以后开始在课堂环境下学习汉语，汉语课每周2学时。进入"内地新疆高中班"后，第一年为预科，进行汉语强化学习，之后三年所有课程均使用汉语授课。由于高中和大学阶段均在汉语环境下学习，因而所有调查对象具备汉语听说读写能力，民汉兼通。再者，由于要求调查对象用英语完成电子邮件写作任务，因此对其英语水平有一定要求。选择在内地高校而非在新疆高校就读的维吾尔族"民考民"学生作为调查对象，主要考虑的是调查对象的英语水平。新疆高校的维吾尔族"民考民"学生英语基础非常薄弱，超过60%的学生从大学才开始"零起点"英语学习（文华俊，2013），因此其英语水平难以满足本研究的要求。本研究调查的92名维吾尔族英语学习者高中在内地就读，开始系统学习英语，经过高中四年（含一年预科）及大学阶段的英语学习，其英语水平与所在高校汉族学生英语水平基本相当，能够满足本研究用英语完成电子邮件写作任务的要求。截止至调查日，92名三语组调查对象中，有81人参加了大学英语四级考试，其中63人通过；有37人参加了大学英语六级考试，其中20人通过。

对三语组调查对象的选取采用了便利抽样和滚雪球式抽样相结合的方法来确定样本。从研究成本、便利性角度考虑，经过前期调研，研究者从大连地区维吾尔族学生较为集中的两所本科院校中选取符合条件的维吾尔族学生作为样本。虽然基本"囊括"了这两所高校所有符合条件的维吾尔族学生，但人数仍不足，因此研究者采用滚雪球抽样的方式，通过大连地区另一所高校的研究助手联系到其他城市（如长春、西安等地）符合条件的维吾尔族同学参与调查。本研究中三语组调查对象主要从大连高校选取，原因在于研究者在此工作生活多年，有良好的工作关系和人际网络支撑所需数据的采集。另外，大连作为东北地区高等教育发达城市，相对而言，维吾尔族大学生人数较多。虽然他们目前就读于大连高校，但来自新疆各个地区，高中阶段就读于分布在全国各地的"内高班"，所以能基本代表内地高校新疆维吾尔族学生的总体情况。调查组对象的基本情况见表3.1。

表 3.1　　　　　　　调查组——维吾尔族英语学习者基本信息

	性别		高校所在地区		专业		开始学习汉语的时间			开始学习英语的时间	
	男	女	大连	其他	自然科学	人文社科	3—4年级	5—6年级	初中	初中	高中
人数	54	38	82	10	80	12	67	12	13	29	63

另外，为分析维吾尔族学生英语水平与已习得语言（维吾尔语、汉语）迁移之间的关系（研究问题2），本研究根据维吾尔族英语学习者的英语水平选取前23人和后21人分别组成高水平组、低水平组。英语水平的判定主要依据调查对象的英文电子邮件写作任务得分情况以及其大学英语四级、六级考试成绩。

调查问卷中有四个电子邮件写作任务，评分人根据调查对象四个写作任务的总体完成情况进行评分。研究者在参照雅思 G 类考试中书信类作文评分标准的基础上制定了本研究中电子邮件写作任务的评分标准，共包括四项指标：语法准确性、词汇量、内容清晰和连贯、句式多样性。每个单项满分 10 分，总分为 40 分。评分员为两位英语专业教师，均有十年以上的英语写作教学经历，且多次参加英语专业四级作文阅卷工作，具有丰富的英语写作教学与阅卷经验。在接受培训并进行试评统一标准后，两位评分员独立对调查对象的英文电子邮件写作进行分项和总体评分。然后，对"评分员一的评分"和"评分员二的评分"两组数据进行相关分析。统计结果显示，两位评分员评出的写作任务总分相关系数为 0.91，说明她们评分基本一致，具有较高的信度。最后，取两位评分员所给分数的平均值作为该调查对象电子邮件写作的最终成绩。评分结束后，根据调查对象电子邮件写作任务所得分数由高至低进行排序，取成绩靠前的 30 人和成绩靠后的 30 人作为高水平组、低水平组人员的备选。

除了英文电子邮件写作任务得分外，大学英语四、六级考试成绩也是判定调查对象英语水平的一个依据。最终，根据调查对象英文电子邮件写作任务的得分情况，并参照其大学英语四、六级考试成绩，为尽量拉大调查对象的英文水平差距，本研究选取综合排名靠前的 23 人组成高水平组，综合排名靠后的 21 人组成低水平组。经独立样本 T 检验证明高水平组、低水平组对象的英语水平有显著性差异（p=0.001<0.05）。

以上阐述了调查组对象选取的标准、抽样方法，并明确了英语高水平组、低水平组的判定依据。如第一章第三节所述，本研究中在调查组（即三语组）完成电子邮件写作任务后，选取 6 名学生进行回顾性访谈，以获取维吾尔族英语学习者用英语实施请求时维吾尔语、汉语迁移的内省数据。

对访谈对象的选取在自愿基础上采用目的性分层抽样的方法。三语组调查问卷结尾部分设有后续访谈邀请，在 92 份有效问卷中，共有 31 名调查对象主动提供了联系信息，表示愿意参与后续访谈。

对这 31 名有访谈意愿的调查对象进行目的性分层抽样，以英语水平、性别为抽样标准，共抽取 6 名调查对象参与回顾性访谈。访谈对象基本情况见表 3.2。出于保密原则，对所有访谈对象的姓名做了匿名处理。

表 3.2　　　　　　　　　　访谈对象基本信息

访谈对象	性别	年级	开始学习汉语时间	英语学习情况及水平		
				开始学习英语时间	大学英语四、六级成绩	电子邮件写作分数
学生 1	女	大一	小学 3 年级	高中预科	四级 350-399 分；未考六级	22 分
学生 2	男	大二	初中	高中预科	四级 400-449 分；六级 350-399 分	27 分
学生 3	女	大三	小学 3 年级	初中	四级 400-449 分；未考六级	28 分
学生 4	男	大二	小学 6 年级	高中预科	四级 300-249 分；未考六级	18 分
学生 5	男	大四	小学 3 年级	高中预科	四级 500-549 分；六级 450-499 分	33 分
学生 6	女	大四	小学 3 年级	高中预科	四级 550-599 分；六级 550-599 分	34 分

二　对照组——维吾尔语、汉语、英语本族语者

上一节对调查组即维吾尔族英语学习者情况进行了介绍。为研究维吾尔语、汉语对维吾尔族英语学习者英语请求言语行为产生的影响，本研究的研究对象除调查组外，还包括三个对照组，分别为维吾尔语本族语者组（32 人）、汉语本族语者组（36 人）、英语本族语者组（32 人）。本节将对三个对照组调查对象的选取标准及基本情况进行描述。

维吾尔语本族语者为新疆某高校预科班学生，共计 32 人，其中

男生 17 人，女生 15 人。所有对象均为维吾尔族"民考民"学生，小学至大学阶段均在新疆地区就读，上大学后在预科阶段进行汉语强化。该高校根据汉语水平将预科班学生分为高、中、低班，本研究选取汉语水平较低的低班学生参与调查。此外，该组超过 90% 的调查对象在上大学之前没有学习过英语，因此基本没有英语基础。

汉语本族语者选取的是大连地区某高校独立学院一年级非英语专业两个自然班的学生，共计 36 人，其中男生 18 人，女生 18 人。他们通过统一招生，来自全国各地，母语均为汉语。为保证调查对象能最大程度上代表汉语本族语者，研究者以高考英语成绩为参照，剔除高分，仅保留英语成绩 90 分以下（总分 150 分）的学生作为调查对象。该组所有调查对象均未参加过大学英语四级考试，且没有国外学习经历。

表 3.3　　　　　　　　　　　对照组调查对象基本信息

特征 ＼ 调查对象	维吾尔语本族语者		汉语本族语者		英语本族语者	
人数	32		36		32	
性别	男	17	男	18	男	19
	女	15	女	18	女	13
专业	自然科学	32	自然科学	36	自然科学	27
	人文社科	0	人文社科	0	人文社科	5
语言背景	维吾尔语为母语；汉语水平低；基本没有英语基础。		汉语为母语；英语水平低。		英语为母语；没有汉语学习经历。	

英语本族语者选自英国高校。在明确选取标准后，通过朋友协助，从英国某三所高校（英格兰地区两所，威尔士地区一所）选取调查对象 47 人。最终符合条件且问卷有效的调查对象共计 32 人，其中男生 19 人，女生 13 人，年龄 18—25 岁。所有调查对象出生地、国籍

均为英国，母语为英语，且没有汉语学习经历。三个对照组调查对象的基本信息见表 3.3。

第三节　研究工具

基于研究目的与研究问题，本研究采用量化、质化兼取的混合研究方法（Creswell，2009）。量化研究方法主要通过调查对象完成电子邮件写作任务收集数据，比较组间使用频数与频率，在统计数据基础上，根据维吾尔语、汉语迁移判定标准，对数据进行量化分析与描述统计；质化研究方法是指在量化分析统计结果基础上，对微观请求内容具体分析，并通过对三语组调查对象进行回顾性访谈获取内省数据。

确定语用迁移是否发生有两大类证据：一是语言本身的证据；二是学习者内省的证据（卢加伟，2010；俞理明等，2012）。然而，目前许多研究所收集的语用迁移的证据大都是语言本身的证据，我们更应该关注通过学习者内省的方式获得的语用迁移的认知或心理证据（卢加伟，2010）。

本研究在量化基础上，采用质化研究方法主要基于如下考虑：首先，质化研究着重从微观层面对迁移现象进行深入细致的描述和分析；其次，质化研究强调从被研究者的视角看问题，可以使我们从调查对象自己的视角了解他们对自己的语用产出及语言学习经历进行意义解释。本研究选择质化研究方法，旨在深化对调查对象请求言语行为中的维吾尔语、汉语影响进行分析。

本研究采用量化、质化混合研究方法，主要研究工具有两个：一是电子邮件写作任务，二是回顾性访谈。本节中将对这两项工具进行详细阐述。

一　电子邮件写作任务

电子邮件写作任务（E-mail Writing Task, 以下简称 EWT）是本研究的主要研究工具。具体而言，研究者设计四个请求情境，要求调查对象根据所提供的情境完成电子邮件写作任务。本节将从以下三个方面对该研究工具予以介绍，分别为：选择理据、情境设计原则以及最终版 EWT 情境描述。

（一）EWT 选择理据

语料的收集至关重要，它直接关系到研究的有效性和可靠性。收集言语表达语料的方法主要有两种："实录法"和"引发法"（俞东明，2011）。

"实录法"是研究人员通过实地观察收集语料的一种方法，对真实情境中使用的话语进行实录分析（俞东明，2011）。虽然它能收录自然语境中的语料，可以最大限度地呈现语言交际的真实面貌，但实际采用这一方法的研究数量极为有限。原因在于：一方面，由于是自然发生的真实交际，很难对交际双方的社会地位、相对权势、年龄、性别等变量进行控制，不利于科学的分析；另一方面，如果对某一具体的语用现象进行研究，要收集包含这一现象的足够语料是非常困难的，因为自然语境中包含这一特征的语料也许出现的很少，而且出现的时机也很难预测。

"引发法"是研究者通过使用某种方法来引发受试者产生预期的某种言语行为。"引发法"包括话语补全任务（Discourse Completion Task, 简称 DCT）、角色扮演、口头汇报、多项选择任务等。其中 DCT 是一种书面问卷法，被广泛用于言语行为研究中，它本身有不同的形式。早期的"经典"话语补全通常是：每题都有一段文字对交际情境进行描述，内容包括时间、地点、会话双方的社会距离、相对地位等。然后是一段对话，对话中提供起始话轮和答复（肯定答复或否定答复），要求研究对象根据答复对起始话轮做出回应，补全对话（Kasper, 2000）。除了上述"经典"话语补全任务外，还有开放式的 DCT，即仅提供交际情境，不提供对话（起始话轮、答复语），一般是一段情境描述后留出一行空白，让受试写出此情境下他们可能会说的话。

相较于"实录法"，DCT 能让研究者快速收集到大量语料，因此广泛用于语用研究中。但同时，DCT 这种语料收集方法也备受争议。原因之一是，DCT 是一种书面调查方法，受试会潜意识地认为要用书面语言来完成，因而该方法最大的缺陷是通过书面形式收集口语语料（Trosborg, 1995；Hinkel, 1997；Sasaki, 1998）。此外，DCT 及其他问卷形式所收集的语料是直觉语料，而不是语言使用和语言行为的真实结果；且受问卷空间所限，研究对象的话语长度也受到限制。

为此，本研究基于开放式 DCT，参照 Li W.（2010）研究中的 EPQ[①] 工具来收集语料，要求调查对象根据所提供的四个请求情境完成电子邮件写作任务（EWT）。选择使用 EWT，主要基于以下考虑：首先，EWT 要求调查对象根据所提供的情境写电子邮件以完成请求任务，以此收集笔语语料，而非口头表达其请求，因而能避免 DCT 通过书面形式收集口语语料的缺陷；其次，EWT 作为 DCT 的一种"变体"，保留了 DCT 的优势，能让研究者在短时间内收集来自不同语言、文化背景调查对象的语料；再者，EWT 便于控制社会和情境变量以

---

① EPQ 是 "E-mail Production Questionnaire" 的缩写，中文表述为"电子邮件产出问卷"。Li W.（2009）研究中共设计四个情境，要求调查对象根据情境描述，撰写电子邮件以向对方做出请求。本研究中借鉴了此工具，但对具体情境进行调整。另外，为便于理解，本研究中该工具命名为"电子邮件写作任务"，英文名称为 "E-mail Writing Task"，简称 EWT。

保证情境的一致性，情境变量的一致性有利于保证来自不同组语料的可比性，进而便于研究语用迁移。

（二）EWT 情境设计

1. 情境设计原则

为保证所收集语料的有效性与可靠性，请求情境设计不能仅仅依靠研究者的直觉。只有设计出适合研究的文化背景、被试人员熟悉的情境，才能使我们收集到的语料更容易接近现实生活，增加研究的真实性和可信度（Rose, 1994）。本研究的调查对象为大学生群体，因此，所设计的 EWT 情境尽可能反映学生在校园内实施请求的需要，并为各组调查对象所熟悉。另外，为进一步贴近实际，所设计的情境要求调查对象从学生角度通过电子邮件实施请求言语行为，而非让调查对象扮演校长、老师等假定角色。

此外，根据 Brown & Levinson（1987）的礼貌原则，说话人（即请求人）和听话人（即被请求人）之间的社会距离（social distance，用 "D" 表示）、相对权势（relative power, 用 "P" 表示，即社会地位）和强加级别（rank of imposition, 用 "R" 表示，即请求难易度）是影响某一言语行为对面子威胁程度的三大因素，进而影响人们的交际策略。请求言语行为作为一种指令性言语行为，也必然受这三个社会变量的影响。在参考前人研究（Li W., 2009；Schauer, 2009）中情境设计的基础上，本研究的 EWT 情境中相对权势、强加级别变量均被赋予二元值，具体而言：当交际双方的相对权势平等时，被赋值 "=P"；当被请求者的相对权势高于请求者时，被赋值 "+P"。由于本研究 EWT 情境中，学生为请求者，考虑学生群体通常不会向比其相对权势低的人发邮件做出请求，因此本研究中的情境不包括请求者的相对权势高于被请求者的情况（－P）。同样，当强加级别高时，被赋值 "+R"；当强加级别低时，被赋值 "－R"。至于交际双方的社会距离，研究者通过对学生非正式访谈了解到：当交际双方不认识，即社会距离被赋值"+D"时，很少通过电子邮件实施请求行为，因此本研究将其设为恒变量，即交际双方认识但不是非常熟悉。综上所述，本研究中情境变量组合为：[=P,-R] [=P, +R], [+P, -R], [+P, +R]。

2. 情境设计过程

社会变量组合确定之后，为保证请求情境为调查对象所熟悉，情境经过了较为周密的设计，具体过程如下：

首先，进行情境初步设计。研究者向所教授的两个班级的学生[①]（其中大一32人，大三35人）详细介绍本研究中设定的四组请求情境社会变量组合，即 [=P, -R], [=P, +R], [+P, -R], [+P, +R]。在确保充分理解后，研究者请他们依据各情境组合，设计符合条件的情境，情境可以是自己亲身经历过的，也可以是未经历过但认为很有可能发生的。之后，研究者对学生设计的情境进行归类、整理，并根据每一组变量组合对学生所设计情境出现的频次进行统计并排序，最终按出现频次，每一组情境变量保留出现频次最高的3个情境，四组共计12个候选情境。

以上12个情境是由在汉语环境下学习、生活的学生设计的，为检验这些情境在英语及维吾尔语文化中是否适宜，接下来，研究者选取英语本族语者、维吾尔语本族语者进行了非正式访谈。英语本族语者包括一名英国教师和两名英国大学生，维吾尔语本族语者包括两名新疆某大学的维吾尔族老师以及两名"民考民"维吾尔族大学生。根据两组受访者的反馈，研究者再次对12个候选情境进行筛选，最终每一组变量组合（[=P, -R], [=P, +R], [+P, -R], [+P, +R]）保留一个情境，共计四个情境，最大程度上保证情境适用于不同组的调查对象。

---

① 这些学生同样为大学生群体，考虑到便利原则，选自大连某高校，为研究者任教班级的学生。

　　由于本书中涉及多组调查对象，他们来自不同的文化背景，因此在保证不同组请求情境间一致性的同时，还要兼顾各组调查对象的实际情况，考虑其所处的文化语境，对该组情境描述中的细节进行调整，以确保情境对该组调查对象具有"真实感"。以情境2（请同学帮忙找人填写调查问卷）为例，针对三语组，由于需要该组调查对象用英文写电子邮件，因此，研究者将情境中的被请求者设定为英语本族语者，即为一名曾在中国留学，目前已回国的美国大学生，要求调查对象（即请求者）发送电子邮件请其帮忙找美国本地大学生填写有关中美大学生创业观比较的调查问卷；针对汉语本族语组调查对象，研究者将被请求者设定为请求者的大学同学，目前作为一名交换生在英国学习，要求调查对象发送电子邮件请其帮忙找英国本地大学生填写有关中英大学生创业观比较的调查问卷；针对维吾尔语本族语组调查对象，研究者将被请求者设为调查对象的高中校友，目前在中央民族大学学习，并使用维吾尔族名字，要求调查对象发送电子邮件请其帮忙找维吾尔族大学生填写有关维吾尔族大学生创业观的调查问卷；针对英语本族语组，研究者将被请求者设为调查对象的大学同学，目前作为交换生在中国学习，要求调查对象发送电子邮件请其帮忙找当地中国大学生填写问卷。同样，在情境3中，为体现交际双方的相对权势不等，即被请求者高于请求者（+P），针对不同组调查对象，研究者对情境进行了微调：三语组的请求情境将被请求者设为其所在学校的一名外国客座教授，要求调查对象发送电子邮件请该教授推荐英语演讲音频/视频；汉语本族语者问卷情境中的被请求者为一名中国英语老师，调查对象请其推荐大学英语四级考试写作方面的辅导材料；维吾尔语本族语者的问卷情境将被请求者设为一名汉语老师，调查对象请其推荐MHK（少数民族汉语水平等级考试）三级考试书面表达部分的辅导材料；

英语本族语者问卷情境中的被请求者设定为调查对象所修课程的授课教师，调查对象请其推荐该课程学习材料。

在确定针对不同组的请求情境后，开始对情境进行具体描述。三个对照组的情境描述使用本族语者语言。汉语本族语者 EWT 情境描述语言为汉语；英语本族语者 EWT 情境描述语言为英语，初稿先由研究者本人完成，之后邀请一名英国某大学华裔教师进行校对，该教师在英国学习、工作十余年，通晓英汉语；维吾尔语本族语者 EWT 情境描述先由研究者本人用汉语完成，然后邀请新疆某地区报社的维汉语专业翻译将其译成维吾尔语，再由一名来自西北某大学的维汉翻译专业的大学生进行回译。需要说明的是，三语组（即维吾尔族英语学习者）EWT 情境描述语言为汉语。基于前人研究（如杨仙菊，2006；Li W.，2009；刘惠萍，2012）及研究者对三名内地高校维吾尔族英语学习者[①]的非正式访谈结果，确定三语组 EWT 情境描述语言为汉语而非英语，个别词汇用英语进行标注，这样一方面有利于调查对象更好地理解问卷中的情境描述，另一方面能有效防止调查对象在电子邮件写作中抄袭情境描述的表达而影响产出语料。

最后，在各组 EWT 情境设计与具体描述完成之后，为确保调查结果的可靠性与有效性，研究者选取了部分学生进行试测。三语组试测对象为 10 名"民考民"大连某大学维吾尔族大学生，男生 4 人，女生 6 人，他们与最终参加调查的三语组调查对象具有相似的语言及教育背景，具体选取标准详见本章第二节第一小节。三个对照组试测对象情况如下：维吾尔语本族语者试测对象为 5 名新疆某大学预科汉语低班的维吾尔语大学生，男生 3 人，女生 2 人；汉语本族语者的试测对象为大连某大学独立学院 6 名大学一年级汉族学生，男、

---

① 这 3 名研究者选自大连某高校，为研究者任教班级学生，他们与最终参加调查的三语组调查对象有相似的语言及教育背景。

女生各 3 人；英语本族语者试测对象选取了 5 名英国某大学学生，男生 4 人，女生 1 人。同样，对照组的试测对象与最终参加调查的各对照组对象具有相似的语言及教育背景。所有参加试测的学生均非本研究最终调查对象。通过试测，研究者了解了各组调查对象完成电子邮件所需时间。试测 EWT 回收上来后，研究者作了详细分析，针对其中出现的误解、错答现象，寻找出现问题的原因，并结合试测者提出的修订建议，做了进一步调整，在此基础上形成最终的 EWT 情境（见附录 1-4）。

以上对 EWT 情境设计过程进行了描述，整个过程持续 3 个月（2014 年 3 月至 5 月），具体流程如图 3.1 所示：

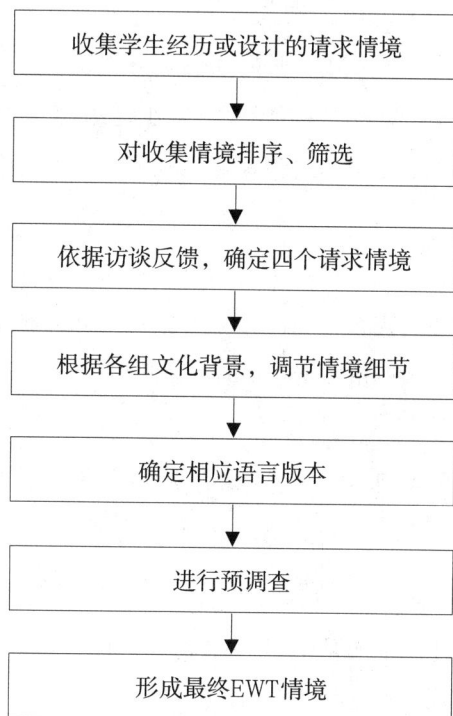

图 3.1 本研究请求情境设计过程

（三）最终 EWT 情境描述

最终 EWT 共包括四个请求情境，调查对象根据具体情境要求，通过电子邮件实施请求。除一些细节方面存在差异，不同组调查对象的 EWT 情境在内容和社会变量组合基本一致。本研究四个请求情境中的社会距离变量不变，设为交际双方认识但不是非常熟悉（=D）。现以调查组（维吾尔族英语学习者）的 EWT 为例，对四个请求情境的具体内容及社会变量进行描述。

情境 1： Chris Miller 是一名美国留学生，也是你们学校英语角活动的志愿者。上学期你们经常在英语角一起聊天，虽不是多么要好的朋友，但关系还不错。这学期你选修了美国文化课，记得上学期 Chris 曾向你推荐过一个特别好的介绍美国文化的网站，你用英文发邮件请 Chris 告诉你该网站的网址。

情境 2： Jeremy Dawson 是一位美国大学生，去年曾在你们学校留学，现已回国。上学期你们俩跟着同一个教练学太极拳（Tai Chi），虽然不是多么要好的朋友，但关系还不错。目前你正在做一项中国和美国大学生创业观（view on entrepreneurship）比较的调查研究，已经设计好问卷（questionnaire），你用英文发邮件请 Jeremy 帮忙找 20 位美国本地大学生填写问卷。

在情境 1 和情境 2 中，交际双方为同学关系，相对权势（即社会地位）相等（=P），但情境 1 中的请求任务（请对方发网址链接）强加级别（即请求难易度）低，所以强加级别赋值为"-R"；情境 2 中请求任务（请对方找人帮忙填写问卷）强加级别即请求难易度高，所以强加级别赋值为"+R"。

情境 3： Simon Parry 是英国一所大学的老师，本学期在你们学校做客

座教授,为学生开设了"英语演讲"课。你选了这门课,课
上比较积极,所以老师认识你,对你印象还不错。你对英语
演讲很感兴趣,但觉得自己的语音语调不够规范,想多做一
些模仿练习。你给 Simon Parry 发邮件请他推荐难易程度适中
的英语演讲音频或视频。

情境 4: Tony Jackson 是英国一所大学的老师,本学期在你们学校做客
座教授,教你一门专业课。你在课上比较积极,所以他认识你,
对你印象还不错。你们学院下学期将选送优秀学生作为交换
生(exchange student)到 Tony Jackson 所在的英国大学学习,
你现在正在申请这个项目,需要提供老师的推荐信(reference
letter),你想请 Tony Jackson 帮你写推荐信。你知道他非常忙,
但是他的推荐信对你来说非常重要,所以你还是决定发邮件
请他帮忙。

在请求情境 3 和情境 4 中,交际双方为师生关系,被请求者的
社会地位高于请求者,因此相对权势变量赋值为"+P";情境 3 中
的请求任务(请对方推荐辅导材料)的强加级别低,所以强加级别
赋值为"-R";情境 4 中请求任务(请对方写推荐信)强加级别高,
所以强加级别赋值为"+R"。各情境的社会变量情况详见表 3.4。

表 3.4 电子邮件写作任务情境中的社会变量

请求情境(S)	社会距离(D)	相对权势(P)	强加级别(R)
S1:发网址	=D	=P	−R
S2:找人填写问卷	=D	=P	+R
S3:推荐辅导材料	=D	+P	−R
S4:写推荐信	=D	+P	+R

二　回顾性访谈

如前所述，本研究采用量化、质化混合研究方法，主要使用两个研究工具收集数据：一是电子邮件写作任务（EWT），另一个是回顾性访谈。上一节对 EWT 工具进行了详细阐述，本节将着重介绍回顾性访谈这一研究工具，包括选用此工具的理据以及访谈问题的设计。

回顾性访谈是二语语言迁移研究中重要的研究工具之一。正如蔡金亭（2008）所述，回顾性访谈是一种获取关于学习者在二语习得过程中思维活动的内省数据的有效方法，同其他工具相比，回顾性访谈更有针对性、交互性，可以追踪学习者的思维过程，以进一步确定母语迁移发生的原因并深入挖掘母语迁移发生的条件和表现形式（蔡金亭，2008）。本研究为语用迁移研究，通过回顾性访谈，可以获取学习者内省和追溯性数据，为语用迁移研究提供丰富的、以语境为基础的解释性假设（卢加伟，2010）。虽然回顾性访谈具有其它研究工具所不具备的优势，但由于访谈工作量大，且使学生如实地提供内省数据具有难度，因此仅少数语用迁移研究使用回顾性访谈收集数据（如 Barron, 2003；Kim, 2007；顾晓乐，2008；Li C.，2009)。尽管如此，作为最常用的获得学习者发生语用迁移的心理过程的工具之一，回顾性访谈应是语用迁移研究方法上的发展趋势（卢加伟，2010）。

本研究旨在探究维吾尔族英语学习者在用英语实施请求过程中的维吾尔语、汉语影响。使用回顾性访谈收集数据，可以从维吾尔族英语学习者的角度出发，学习者根据自己在完成电子邮件写作任务过程中使用维吾尔语、汉语、英语的具体情况提供内省数据，数据更为可靠。因该工具以获取维吾尔族英语学习者三语（英语）输出过程中的内省数据为目标，在此基础上追踪维吾尔语、汉语、英语思维过程，并与三语（英语）输出文本进行对照，从而可以更为客观地判定维吾尔语、汉语迁移是否发生。

蔡金亭（2008）强调，回顾性访谈要以详细对比分析母语与二语输出的异同为前提，即研究者在访谈前要对某个二语输出文本中的异常用法有清楚的了解，并大概推测出在哪些情形下是母语迁移发生了作用。因此，本研究中的回顾性访谈是在对 EWT 语料进行量化分析基础上进行的。具体而言，研究者在进行访谈前，对收集的各组 EWT 语料进行了统计分析，对比了各组间请求言语行为的异同，据此初步判定维吾尔语、汉语对三语者英语请求言语行为产生了怎样的影响，在此基础上，研究者设计访谈提纲。

对每个访谈对象的访谈均单独进行，访谈问题围绕该访谈对象 EWT 文本而设计。研究采用半结构化访谈方式，以访谈提纲为框架，访谈问题仅作为访谈提示（prompts）以引导学生进行回忆，但不拘泥于访谈提纲，目的在于对访谈对象进行深度探访，以期尽可能全面地了解学生在使用三语（英语）完成电子邮件请求任务过程中的思维过程。

访谈提纲包括以下四部分内容：第一部分主要了解访谈对象的英语学习情况及其对英语教学的建议，并对维吾尔语、汉语在其英语学习中的作用及维吾尔语、汉语、英语三种语言间的距离对访谈对象进行深入访谈；第二部分有针对性地对访谈对象 EWT 文本中的请求言语行为使用情况进行提问，如三语输出中为何要使用某种语言形式，是否确信该语言形式的正确性，以及如何理解该用法等；第三部分旨在了解访谈对象对英语请求礼貌的认识情况；第四部分则让访谈对象以具体情境为例，详细描述其完成电子邮件时的思维及写作过程。具体访谈提纲见附录 6。

以上阐述了回顾性访谈选择理据以及访谈问题的设计，有关访谈数据收集情况将在下一节中予以详细描述。

第四节　数据收集与分析

上一节对本研究中的两个研究工具——电子邮件写作任务（EWT）和回顾性访谈作了介绍，本节将对使用上述两个工具收集数据的过程及数据分析的方法进行描述。

一　电子邮件写作任务语料收集与分析

对电子邮件写作任务（EWT）语料收集与分析描述将从以下三个方面展开：首先，将介绍各组 EWT 语料的收集过程；其次，将详细阐述本研究中 EWT 语料的标注方案、标注过程及信度保证；最后，将对 EWT 语料的分析方法进行介绍，并明确本研究中的维吾尔语、汉语迁移判定标准。

（一）EWT 语料收集

本研究中共有四组调查对象，由于涉及组数多，且多数组为非自然班，调查对象分布较为分散，另外，有两组调查对象为英国及中国新疆地区的学生，因此数据收集过程较为复杂。本小节中将对各组 EWT 数据收集过程进行详细描述。

调查组（三语组）的数据收集时间为 2014 年 6 月下旬至 7 月上旬。由于调查对象分布在不同高校、不同专业、不同班级，难以同时聚集，因此数据收集主要通过研究助手及网络交流平台（QQ）进行。具体如下：首先，寻找研究助手。研究者通过个人关系，分别联系到大连地区三所高校的辅导员、任课教师，向他们简要介绍本研究的研究目的，请他们帮忙推荐合适人选作为研究助手，要求研究助手是维吾尔族学生，认真负责，且有较强的沟通能力。在上述老师的协助下，研究者很快确定研究助手，共三位，每所高校各一位。之后，研究者分别与三位研究助手面谈，向他们详细介绍本研究的相关情况，包括研究目的、调查对象选取的标准。随后，三位研究助手通过其所在学校的维吾尔族学生 QQ 群招募志愿者并将符合条件的志愿者纳入新建 QQ 群。接下来，研究者加入该群，向群成员详细说明本研究的目的及调查对象的选取标准，并请群成员再次确认自己是否符合条件。之后，研究者上传电子邮件写作任务（EWT）至群共享，公布研究者联系方式（QQ、电子邮箱及手机号），并告知群成员在完成邮件过程中有任何疑问可以随时与研究者本人联系。为方便调查对象并保证写作质量，对其具体写作时间没有限制，一周之内完成即可。研究者要求调查对象根据提供的具体情境，按实际生活中可能的做法来完成电子邮件写作。需要说明的是，由于其中一所学校符合条件的调查对象仅两人，因此该校的研究助手主动帮忙联系到其高中时期符合条件的 11 名同学参与调查，这些维吾尔族大学生分布在全国多所城市。最后，在三位研究助手的协助下，共收到 EWT 文本 98 份，剔除情境理解有误或照抄情境的无效文本，最终获得有效文本 92 份。

对照组之一维吾尔语本族语者组的数据收集时间为 2014 年 6 月上旬。调查对象为新疆某大学预科班学生。该组调查对象的数据收集工作主要通过该班级的任课教师协助完成。首先，研究者通过个人关系联系到该班级的汉语授课教师，向其详细介绍本研究的研究目的及调查对象选取标准。之后，研究者将维吾尔语本族语者 EWT（包括维吾尔语版本及对应的汉语版本）电子版发给该教师，请该教师认真通读，对其不清楚的地方研究者给予详细解答。在确保该教师对研究目的、调查对象选取标准及对 EWT 情境描述理解没有问题后，由其作为研究助手，全面负责维吾尔语本族语者组数据的收集工作。

该教师首先向班级学生说明调查的目的，在征得学生同意后，加入到班级 QQ 群，并上传维吾尔语版本的 EWT 情境至群共享，最后由该教师负责收集和整理学生完成的 EWT 电子文本。由于地域关系，另外该组调查对象汉语程度低，主要用维吾尔语进行交流，所以研究者本人并未要求加入班级 QQ 群。整个收集过程由该任课教师负责，但研究者与该教师全程保持联系。该组共收回电子文本 39 份，剔除无效文本，最终获取有效文本 32 份。

第二个对照组——汉语本族语者组的数据收集时间为 2014 年 6 月下旬。该组调查对象为大连某大学独立学院一年级学生。首先，研究者通过熟人引见，联系到该班级的辅导员老师，向其简要介绍本研究的目的。随后，通过辅导员老师介绍，并征得班级同学同意后，研究者加入班级 QQ 群，告知同学本研究的研究目的，上传 EWT 至群共享，并说明注意事项，调查对象完成 EWT 后发至研究者邮箱。该组共收到电子文本 55 份。为保证调查对象能最大程度上代表汉语本族语者，研究者剔除英语成绩 90 分以上以及对情境理解有误的文本，最终获得有效文本 36 份。

另一个对照组——英语本族语者的数据收集为 2014 年 5 月上旬至 7 月中旬，由于进入路径的原因，该组数据收集工作持续时间较长。与其他组类似，英语本族语者数据收集也是在研究助手的协助下完成。第一位研究助手为研究者本人的朋友，是英国某大学的一名华裔教师，在英国工作、生活十余年，英汉语流利。在英语本族语者组 EWT 情境设计阶段，研究者曾多次向其咨询，另外该教师还参与了英语组情境描述的校对工作，因此对本研究的情况比较了解。在明确调查对象选取标准及注意事项后，该教师决定在 2014 年 5 月上旬最后一次课课上收集数据。按教学安排，最后一次课进行考试，考试结束后有近 40 分钟的空余时间。教师在讲明目的，并征得学生同意的情况下，将 EWT 情境群发给学生，由学生当场在电脑上完成（此课程在多媒体教室授课）后发至该教师邮箱。该教师将学生 EWT 电子文本汇总后，通过邮件发给研究者，共收集电子文本 33 份，研究者将语言背景不合格及对情境理解有误的文本剔除，获取有效文本 22 份。由于该教师所教是工科课程，因此修课学生中男生占绝大多数。在收集的 22 份有效文本中，仅 3 份由女生完成。

为了平衡英语本族语者组调查对象性别比例，最大程度上与三语组调查对象的性别比例保持一致，研究者决定补充女性调查对象，该工作由两名当时在英国大学学习的中国留学生（研究者的学生）协助完成。研究者向她们详细说明调查对象选取的标准，强调必须为女生，英国国籍，母语为英语，且没有汉语学习经历。之后，这两名学生在其同学及朋友中寻找人选，经其初步筛查后将符合条件的志愿者邮箱发给研究者，共计 19 人。随后，研究者给每位志愿者单独发送邮件，邮件中除附有需完成的 EWT 情境文本外，还附有情况说明书，说明书包括研究者自我介绍、调查目的及完成邮件过程中注意事项，并请志愿者再次确认国籍及语言背景，以确保其符合调查对象选取标准。这一组调查对象（全部为女生）数据收集工作于 2014 年 7 月中旬完成，共收到 EWT 文本 10 份，回收率为 52.6%。这一群体 EWT 电子文本回收率低，研究者经过反思，认为可能的原因如下：首先，部分志愿者可能经自我筛查，国籍及语言背景不符合要求；其次，研究者发电子邮件与志愿者联系，这种网上收集数据的方式可能会对回收率产生一定影响；再次，收集数据时间正值暑假，有的学生可能外出度假，不便通过网络联系。虽然回收率低，但收到的电子文本完成质量好，没有漏答误答现象，有效率为 100%。加上之前英国老师协助收集的文本，英语本族语者组共收集 EWT 电子文本 32 份，其中男生完成文本 19 份，女生完成文本 13 份。

表 3.5 总结了各组电子邮件写作任务文本收集情况：

表 3.5　　　　　　　　电子邮件写作任务文本收集情况

调查对象	收到文本份数	有效文本份数	调查时间	收集途径	研究助手情况
三语组	98	92	2014.6-7	研究助手招募志愿者—将符合条件志愿者纳入 QQ 群—研究者在 QQ 群收集文本	三名内地高校维吾尔族学生
维吾尔语组	39	32	2014.6	研究助手选取合适班级—研究助手通过该班级 QQ 群收集文本	新疆某高校教师
汉语组	55	36	2014.6	通过他人协助选取合适班级—研究者通过该班级 QQ 群收集文本	———
英语组	43	32	2014.5-7	研究助手课上收集文本;通过他人协助找到志愿者—研究者与志愿者邮件联系收集文本	英国某高校教师 ———

以上描述了 EWT 语料的收集过程，在下一小节中将对本研究中的 EWT 语料标注方案进行阐述。

（二）EWT 语料标注方案

本研究中的 EWT 语料由 192 人共计 768 条电子邮件请求言语行为构成。对 EWT 语料的标注主要依据 Blum-Kulka *et al.*（1989）跨文化言语行为实现方式研究项目中的请求言语行为语料标注方案。

跨文化言语行为实现方式研究项目（Cross-Cultural Speech Act Realization Project, 简称 CCSARP）是最具影响力的言语行为跨文化研究，调查分析了八种不同语言文化背景下"请求"和"道歉"言语行为实现方式的异同。该研究中的请求言语行为分析框架为后来的研究提供了重要参考（如 Trosborg, 1995; Zhang, 1995; Fukushima,

1996；张绍杰、王晓彤，1997；Rose, 2000；Barron, 2003；刘国辉，2003；杨仙菊，2006；Kim, 2007；卢仁顺，2007；Economidou-Koget-sidis, 2008a, 2008b；Li W., 2009；Schauer, 2009；刘惠萍，2012；王晓彤，2012）。鉴于 Blum-Kulka *et al.*（1989）请求言语行为分析框架的权威性及广泛应用性，本研究语料标注以其为基础，并借鉴了 Gao（1999）、Li W.（2009）、Schauer（2009）、Wang（2011）、曾嘉悌（2011）研究中请求言语行为的分类标准。

Blum-Kulka *et al.*（1989）认为请求话语可能包括：起始行为语（alerters）、中心行为语（head acts）、内部修饰语（internal modifi-cations）和外部修饰语（external modifications）。其中，外语修饰语也被称作辅助行为语（supportive moves）。以下句为例：

Judith, I missed class yesterday. Do you think I could borrow your notes? I promise to return them by tomorrow.（Blum-Kulka *et al.*, 1989）

在上句中，"Judith"是起始行为语，功能是引起说话人的注意；"Do you think I could borrow your notes?"是中心行为语，即言语行为实施的核心部分，其功能是表明所完成的行为（张绍杰、王晓彤，1997）；在中心行为语中，"do you think"是内部修饰语，起缓和语气的作用；另外，句中还包括两处外部修饰语，"I missed class yesterday"为前置外部修饰语，用于说明原因，"I promise to return them by tomorrow"为后置外部修饰语，是说话人做出的承诺。

下文将对本研究中请求言语行语料标注方案做以介绍（起始行为语除外），实例均选自本研究语料。

1. 请求策略

请求中心行为语通过不同的请求策略实现，请求策略可以是直接的，也可以是间接的。根据直接程度，请求策略可分为直接策略、规约性间接策略和非规约性间接策略三种类型，每种类型又可分为不同的策略形式。本研究对请求策略的分类以 Blum-Kulka *et al.*（1989）CCSARP 请求言语行为标注方案为基础，同时借鉴了 Gao（1999）、Schauer（2009）、Wang（2011）的分类标准，根据所收集语料实际情况，对本研究中请求策略分类如下（见表 3.6）。

表 3.6　　　　　　　　　　　　　　　请求策略分类

I. **直接策略**

1. 直接询问型： 请求人就某种信息或行为直接询问被请求人。

نەدىن ستوۋالغانلىقىقنى سوراپ خەت قالدۇردۇم

留言　问一下　从哪里买的　　　　　（W28-1）

– 请问你上次买球拍的网址是什么？（H17-1）

– I'm thinking about getting a new tennis racket—where did you get yours?

（Y21-1）

2. 语气引导型： 话语直接表明请求的言外之意，最典型的句式是祈使句。

ئۇغرى كورمەي ماڭا ساتقوۋچىننىڭ تور ئادرىسىنى يوللاپ بەرگەن بولسىڭىز

一下　　给　发　地址 网络　卖家的 向我 别嫌麻烦　　（W2-1）

– 把那卖家的网址给我发过来呗。（H3-1）

– Please tell me the website.（S24-1）

3. 显性施为动词型： 话语语力通过显性施为动词来表达，常见的英语显性施为动词有 "ask" "request" "demand" 等，汉语显性施为动词有 "请" "请求" "麻烦" 等。

پەقەت سىزنىڭ ماڭا ياردەملەشىپ مەركىزى مىللەتلەر ئۇنۋېرسىتىدا ئوقۇۋدىغان 30 نەپەر ئۇيغۇر

维吾尔 位 30 读的　大学的 民族 中央 帮助　向我 你的　只需

ئوقۇغۇچىنى تېپىپ تەكشۈرۈش سوئالىنى توشقۇزۇپ بېرىشكىزنى ئۈمۈنمەكچى سىزنىڭ ياردەم قىلىشكىزنى

帮助 你的　　请求　一下 填　问卷 调查 找到 学生

ئۈمۈت قىلىمەن

希望（W15-2）

– 麻烦你告诉我一下卖家的网址。（H27-1）

– I ask you to help me write a reference letter.（S22-4）

4. 模糊施为动词型： 话语中的施为动词被情态动词或表达意愿的动词所

修饰，如"must/必须""have to/不得不""want to/想""I'd like to/想"等。

شۇڭا مۇئەللىم سىزنى ياخشى ماتېرياللاربولسا تەۋسىيە قىلامدىكىن دېگەنتىم

　　　　想让　推荐　有的话　资料　好的　你　老师　所以（W6-3）

–我想让你找 20 个英国本地大学生填写问卷。（H26-2）

–我想请老师帮我写一下推荐信。（H5-4）

5. 义务陈述型： 表示被请求人有实施该行为的责任或义务，该句型中常用情态动词"should/ 应该""have to / 不得不"等。该策略形式在本研究语料中没有出现。

6. 需要陈述型： 表达请求人的愿望或希望，以期望被请求人实施该行为。常见动词有"want/ 想""need/ 需要""wish/ 希望""I'd like/ 愿意"等。

خاپا بولماي منى ماتېريال بىلەن تەمىنلىشىڭىزنى ئۈمىت قىلمەن

希望　你提供　　资料　　给我　别嫌麻烦　（W17-3）

–我希望您能在百忙之中抽出时间来为我写推荐信。（H8-4）

–I was hoping you could write one［指推荐信］for me.（Y15-4）

–I want you to introduce some English speaking video or listening that are not very difficult to me.（S11-3）

Ⅱ. 规约性间接策略

1. 建议表达型： 请求人以建议的方式表达请求，通常使用固定的表达方式，如"how about…?""why not…?"等。该策略形式在本研究语料中没有出现。

2. 探询型： 请求人询问被请求人实施该行为的能力、意愿、可能性或可行性等，通常以疑问句形式出现。

سىز ماڭا مەكتىپىڭىزدىكى ئۇيغۇر ئوقۇغۇچىلارنىڭ پىكىرنى يوللاپ بېرەسىزمۇ ؟

　　　能，吗? 发一下 意见 学生的 维吾尔 你们学校的　给我 你（W26-2）

– 您能帮我推荐一些写作方面的辅导材料吗？（H10-3）

–I was wondering if you could recommend a helpful book or website to get me out of this rut.（Y3-3）

–Would it be possible for you to hand it out to 20 students and ask them to fill it out?（Y5-2）

> **Ⅲ. 非规约性间接策略**
>
> **1. 暗示型：** 请求人不直接做出请求，而是提及和该请求相关的事情，或者话语与请求本身没有关系，需要被请求人根据情境推导请求人的言外之意。
>
> −I think a reference from your behalf would suit the application.（Y19-4）
>
> −I need someone to write a reference letter and no one is more suitable for it than you in my mind.（S56-4）

* 注：　"W28-1"中"W"是"维"字拼音首字母，代表维吾尔语组，"28"表示文本编号，"-1"表示情境1，"W28-1"表示该实例选自维吾尔语组第28份文本中的第1个情境。本研究中其他例子出处均按此方法标注，汉语组、英语组、三语组分别用其拼音首字母表示，即"H"代表汉语组，"Y"代表英语组，"S"代表三语组。

　　本研究在 Blum-Kulka *et al*.（1989）对请求策略分类基础上做了如下调整：首先，增加了"直接询问型"。此请求策略形式在 Blum-Kulka *et al*.（1989）分类中并不存在。在本研究收集的语料中，请求人在某些情境中会使用特殊疑问句直接向被请求人询问信息或提出请求，因此本研究借鉴了 Wang（2011）的做法，将其包含在直接策略中。其次，采用"义务陈述型"这一名称。Blum-Kulka（1987）采用此名称，而后 Blum-Kulka *et al*.（1989）将这一策略称为"Locution derivable"，刘绍忠、廖凤荣（2006）将其译为"力量施为"，该名称与"义务陈述型"并无本质不同，但比较而言，"义务陈述型"更易于理解，因此本研究中采用"义务陈述型"这一名称。再次，对暗示不做进一步分类。Blum-Kulka *et al*.（1989）非规约性策略包括两类：强暗示和弱暗示。之后相关研究（如 Achiba, 2003；Schauer, 2009；王晓彤, 2012）将强暗示和弱暗示归为一类，考虑到本研究中暗示的使用频率非常低，因此借鉴这一做法，对暗示不做细分。

2. 请求内部修饰语

请求言语行为的语力不仅表现在请求策略的直接程度，而且还表现在请求言语行为修饰语的使用，它们作为有效的礼貌手段来辅助言语行为的实施（Blum-Kulka, 1982）。请求修饰语分为内部修饰语和外部修饰语。其中，内部修饰语分为降级手段（包括句法降级手段和词汇降级手段）、升级手段，它们分布在言语行为中心话语内部，缓和或加重言语行为的言外之语力。本研究中的请求内部修饰语分类在 Blum-Kulka *et al.*（1989）基础上，借鉴了 Li W.（2009）的分类标准，具体见表 3.7：

表 3.7 请求内部修饰语分类

I. 句法降级手段

1. **疑问句：** 如肯定句后面加问号或附加疑问句（即反义疑问句），问号和附加疑问句虽可有可无，但有明显缓和语气作用，可视为句法降级手段；不包括如 "Can you do⋯?" 这样的句型，因为其本身就是疑问句，属于非标记型疑问句。

خاپا بولماي 30 ئۇيغۇر ئوقۇغۇچىنى تېپىپ تەكشۈرۈش سۇئاللىرىنى توشقۇزۇپ بەرسەڭ بولامدۇ ؟

可以吗？ 填一下 调查问卷 找到学生 维吾尔 30 别嫌麻烦

（W6-2）

-... and would like to ask if it would be possible to print 20 copies of the questionnaire and ask people on your course to fill them in for me?（Y1-2）

-I've been working on some research and I was hoping you could help me out?（Y20-2）

2. **先决条件否定：** 此类句型通常是常规句式，实施请求言语行为的常规条件是被请求人顺从或愿意完成请求人发出的请求。

- *能不能帮我找 20 位英国大学生填写问卷呢？*（H34-2）

3. **过去时：** 用动词的过去式来表达当前请求行为，起缓和语气作用。

-... and I *wondered* whether you *might* be able to help me by asking 20 Chinese students to fill out my questionnaire?（Y21-2）

-... and *wanted* to ask if you would be able to recommend some additional learning materials on integration by parts?（Y29-3）

4. 进行体： 通过使用进行体来缓和请求言语行为之语力。

-*... was wondering* if you could write a reference for me?（Y6-4）

5. 条件从句： 使用条件从句在一定程度上给被请求人选择的余地，减轻了请求的强加度。

- 如果您方便的话，我想请您帮我写一封推荐信。（H7-4）

-*If you have any spare time*, could you please write a reference letter for me?

（S54-4）

Ⅱ. 词汇降级手段

1. 主观意向语： 使用主观意向语表达说话人对命题真实性的不确定性、揣测和主观看法，从而减弱话语命题的真实性和说话人请求之语力。常见主观意向语有 "I'm afraid" "I wonder" "I think" "I believe" 等。

-*I think* a reference from your behalf would suit the application.（Y19-4）

2. 微量语： 请求人通过使用微量语降低自己受益程度，从而减弱请求之语力。常见的英语微量语有 "a bit" "a little" "a few"，汉语微量语有 "一下"。

شۇڭلاشقا سىز ماڭا ئېغىر كورمەي تەۋسىيە خېتىنى يېزىپ بەرگەن بولسىڭىز.

　　给，一下 写　推荐信 别嫌麻烦 我 你 所以 （W2-4）

- 你帮我找一下那个网址，然后发给我吧。（H15-1）

3. 降调语： 用于修饰整个句子或命题，以减轻该行为对被请求人可能造成的负面影响。常见的降调语有 "possibly" "perhaps" "just" "simply" "maybe" 等。

-I would *just* like to know where you got it.（Y15-1）

4. 呼证语： 请求人通过使用呼证语以期获取被请求人的理解与回应，常用于句末，附加疑问句就属于这一类。汉语中常见呼证语有 "好吗？" "好不好？" "行吗？"。

ساتقۇچىنىڭ ئادرېسىنى ماڭا يوللاپ بەرگەن بولسىڭىز بولامدۇ ؟

可以吗？ 一下 给　　发 向我 地址 卖家的 （W18-1）

- 我想请你帮忙在你们那里找 20 位英国本地大学生填写问卷，*好吗？*
（H-2）

5. 礼貌标记语： 英语和汉语中最常见的礼貌标记语是 "please/ 请"。汉语中 "麻烦" "帮忙" "拜托" "劳驾"，维吾尔语中的 "别嫌麻烦" 也属于礼貌标记语。

خاپا بولماي تور دۆكىندنكى ساتقۇچىننك ئادرسسنى يوللاپ بەرگەن بولساك

  给一下   发   地址 卖家的 商店的 网络 *别嫌麻烦*（W11-1）

--·所以*麻烦您帮*我推荐一下。（H11-3）

--*Please* tell me the website.（S24–1）

6. **称呼语：** 请求人有时会在中心行为语中使用称呼语，以示对被请求人的尊重。

   – 可以*麻烦老师*给我发一些写作方面的辅导材料吗？（H18–3）

7. **尊称代词：** 维吾尔语和汉语中最常见的尊称代词是"您"。

   – 我想请*您*帮我写一封推荐信。（H23–4）

8. **动词重叠：** 汉语中通过动词重叠如"看看""帮帮"等来缓和请求语气。

   – 希望您*帮帮*我。（H11–4）

9. **语气词：** 语气词是汉语特有的一类词汇，常用于句末，起缓和语气的作用，如"吧""嘛""啊""呢"等。

   – 你把你买球拍的那个网址发给我*呗*。（H26–1）

3. 请求外部修饰语

外部修饰语也是请求言语行为的重要组成部分。外部修饰语，又称为辅助行为语，位于中心行为语之前或之后，可减轻或加重请求之语力。本研究中的请求外部修饰语分类在 Blum-Kulka *et al.*（1989）框架基础上，借鉴了 Li W.（2009）的分类标准，具体见表 3.8：

表 3.8　　　　　　　　　　　　　请求外部修饰语分类

1. **自我介绍：**

   – 我是上学期和你一起上过公选的 ×××。（H18–2）

   –It's Gav here（from our course last semester）.（Y6–2）

2. **寒暄语：** 进入正题前，先寒暄几句，以示热情礼貌，易于引起正式话题。

   يقىندىن بۇيان كۆنلىرگىز قانداق ئوتۇۋاتىدۇ؟ تىنگىز ساقمۇ؟ ئۆگىنىش نەتىجىلىرىڭىزچۇ؟

   成绩呢？ 学习 健康吗？ 身体 过得怎么样？ 日子 最近 （W17–1）

– 好长时间没联系了。还好吗？最近你在英国大学学习怎么样？挺累的吧？（H21–2）

– Hi Linda. How is life treating you in China? It's been a while since we have spoke and I hope everything is still going well.（Y7–2）

– How are you doing? I hope all is well for you. Since you were back to America, I miss the days when we practiced Tai Chi on campus. These are the most memorable moments for me.（S13–2）

3. 准备语： 请求人在提出请求前，为使被请求人有心理准备，询问请求人做该事的可能性、方便性等。

مېنىڭ سىزگە ئازراق ھاجىتىم چۈشكەنىدى

　　　　需要　　帮助　一点　你的　　我　　（W9–2）

– 我现在有件事儿需要您帮忙。（H31–4）

–I am writing today to ask for your assistance.（Y13–2）

–There is a thing and I need your help.（S31–2）

4. 预先提请语： 说话人预先提请帮助，然后说明帮助的具体事宜。

– 你能帮我一件事儿吗？（H28–2）

–Can you do me a favour?（S35–2）

5. 原因语： 陈述实施请求言语行为的理由或原因。

– 我最近考英语四级了，但是在写作部分还有很多欠缺，写作对我来说真的是一个很大的坎儿。我想麻烦您帮我推荐几本有关写作方面的书，想提高一下自己的写作水平。（H26–3）

–I am currently having a few problems with integration by parts that we covered in last week's lecture.（Y7–3）

6. 松绑语： 请求人意识到提出请求可能会冒犯对方，为降低被拒绝的可能性，使用松绑语减弱请求之语力。

– 我知道您非常忙，但您的帮助对我来说非常重要，所以我想请求您百忙之中抽空帮我这个忙。（H6–4）

–I know you are a busy person, but I believe a letter from you will help a lot with my application.（Y10–4）

7. 强加度降低语： 请求人试图降低请求给对方造成的负担。

– 想让你找 20 个英国本地大学生填写问卷，你方便吗？如果不行，也没事儿，嘿嘿。（H26–2）

–Can you remember the website you got your tennis racket from?...No worries if you can't remember though. Just thought it was worth an ask!（Y23–1）

8. 道歉语： 请求人为请求给对方所造成的负担向其道歉。

– 非常抱歉您这么忙，我还打扰您了。（H1–4）

– I am so sorry to take your time.（S30–4）

9. 回报承诺语： 为了提高被请求人接受请求可能性，请求人承诺请求得到满足后给予回报。

– 拜托了！等你回来了，请你吃饭！（H5–2）

–Lunch is on me when you return.（Y24–2）

10. 赞扬语： 请求人恭维或夸赞对方以寻求请求机会。

– 在我心里，您是我仰慕的老师，所以我希望这份推荐信可以由您来帮我写。（H33–4）

–I need 20 Chinese uni students to fill in this questionnaire and thought you might be the perfect person to find some.（Y23–2）

– ... I need someone to write a reference letter and you are a famous professor and no one is more suitable for it than you in my mind.（S56–4）

11. 致谢语： 请求人向被请求人表示感谢，以示礼貌，缓和请求的强加性。

– 不知可否帮忙找 20 位英国人帮我填写问卷？多谢了！（H8–2）

– Thanks very much.（Y30–2）

12. 要求回复

–你能帮忙找20位英国本地大学生填写问卷吗？如果可以，请回复。谢谢！（H22–2）

–Let me know what you think.（Y23–2）

13. 期望回复

–Hoping to hear from you soon, man.（Y20–2）

–I'm looking forward to receiving your reply.（S39–2）

14. 祝福语

سىلەرنىڭ ئوگىنىشىڭلارنىڭ ئۇتۇۇغلۇق تۈرمۈشىڭلارنىڭ كۈڭۈللۈك بولىشىنى تىلەيمەن

祝　　愉快　　生活　　有成　　学业　　你们　　（W2–2）

– 祝您工作顺利，生活愉快！（H35–3）

–All the best.（Y32–2）

15. 再次请求语

– 如果您有时间的话，希望您能帮我这个忙。（H15–4）

– ... Again, I would be very grateful if you could help.（Y13–2）

–Can you help me find 20 American students, please? I hope you help me.

（S5–2）

---

16. 强调语: 请求人强调请求的意义及重要性。

–I believe this letter from you would greatly assist in my chance of success.

（Y1–4）

–I know you are busy with your work, but your reference letter can play a decisive role.（S21-4）

如前所述，本研究中对请求外部修饰语的分类借鉴了 Li W.（2009）的分类标准，但根据本研究语料，做了如下调整：首先，增加了"强调语"这一分类。在一些情况下，请求人通过使用"强调语"，强调请求的意义及重要性，以增加对方实施请求的可能性；其次，上表借鉴 Li W.（2009）的分类标准，将"准备语"和"预先提请语"分别列出，但鉴于两者功能类似，在第四章、第五章具体分析部分，将两个分类合并。对"要求回复"和"期望回复"也采用同样的合并处理方式。

本节详细阐述了 EWT 语料标注方案，下一节将对语料的标注过程进行描述。

（三）EWT 语料标注过程

语料标注易夹杂较多主观因素的判断，为保证语料标注的一致性和准确性，语料标注工作由两名研究人员完成，一位是作者本人，另一位是外国语言学及应用语言学专业硕士研究生，该研究生熟悉 CCSARP，且之前有请求言语行为语料标注经验。尽管如此，研究者仍对该研究人员进行培训，一方面向其介绍本研究的分类标准，尤其是对 CCSARP 调整的部分进行详细说明；另一方面统一了标注方式。培训后，随机抽取三语组 EWT 文本 10 份，维、汉、英本族语者文本各 5 份，两名研究人员在协商的过程中对语料进行试标注。对试标注中存在的问题与分歧，研究者通过电子邮件向多位专家请教。在此基础上，两名研究人员对语料标注框架进一步修订，完善标注标准。

接下来，进入正式标注阶段。先标注 50% 的语料，具体做法为：随机抽取三语组 EWT 文本 50 份、其他组根据具体人数分别为 16-18 份。两名研究人员各自独立进行标注。为了检验两名标注者分类编码的结果是否一致，将两人独立进行分类编码的结果做 Pearson 积差相关分析，统计结果显示各组的标注一致性分别为：三语组 92%，英语组 94%，汉语组 91%，维吾尔语组 89%。两名标注者就有分歧之处进行讨论，最终达成一致。

剩余 50% 语料标注由研究者本人独立完成，但有不确信之处，则同另一标注者商议以降低研究者本人标注时的个人主观判断。为保证标注人员内信度（intra-coder reliability），研究者本人对该 50% 的语料进行了两次标注，两次标注间隔时间为两周。各组的标注人员内信度分别为：三语组 96%，英语组 97%，汉语组 94%，维吾尔语组 93%。

语料标注时间为 2014 年 7 月至 2014 年 8 月。通过反复几轮的标注和校对，标注人员的间信度（inter-annotator reliability）和内信度（intra-annotator reliability）达到要求，语料的标注信度得到了保证。

（四）EWT 语料分析

在前面三个小节中介绍了 EWT 语料的收集过程、语料标注方案及标注过程，本小节将对 EWT 语料的分析方法进行阐述。

作为语用迁移研究，需要设定用以确认迁移出现的标准。语用迁移是否发生的证据之一是语言本身的证据（卢加伟，2010）。因此，本节中将重点阐明本研究中的语用迁移判定标准，为第四章和第五章具体分析提供依据。

Selinker（1969，引自杨仙菊，2006）提出通过用统计方法对比分析母语、中介语、目标语中的某一语言特征，以此作为确定语言迁移发生的标准。Selinker（1969）的框架在语用迁移研究中最具影响，被广泛应用（如 Trosborg, 1995；Maeshiba *et al.*, 1996；Rose, 2000；Barron, 2003；杨仙菊，2006；Su, 2010）。其中，Su（2010）在 Selinker（1969）框架基础上，认为判定迁移发生条件是：某一语用特征的使用频数在母语—目标语之间有显著差异，在中介语—目标语之间也有显著差异。

Beebe *et al.*（1990）采用描述性方法研究了日本英语学习者的拒绝言语行为，认为某种语义成分使用频率（%）满足下列条件之一，则可认定存在语用迁移：

（1）JJ>JE>AE*

（2）JJ<JE<AE

（3）JJ=JE<AE 或 JJ≈JE<AE

（4）JJ=JE>AE 或 JJ≈JE>AE

（5）JJ 和 JE 使用某一语义成分，AE 则没有使用

（6）JJ 和 JE 没有使用某一语义成分，AE 则使用了

*JJ－日语本族语者；JE－日本英语学习者；AE－美国英语本族语者

（Beebe *et al.*, 1990）

Beebe *et al.*（1990）的迁移发生判定标准由于可操作性强，因此后来很多语用迁移研究都借鉴此判定标准（Kwon, 2003；Kim, 2007；Li W., 2009）。但 Beebe *et al.*（1990）仅通过不同组间某一语义成分使用频率（%）的比较来判定是否发生迁移，未能采用统计手段进行分析。Kasper（1992）指出，我们需要使用一些统计方法来确定这种相似性以确定语用迁移是否出现。

Jarvis（2000）在前人研究基础上，认为确定语言迁移需要三种证据：同一母语背景学习者的中介语表现具有同质性、不同母语背景学习者的中介语表现具有异质性、同一母语背景学习者的母语和

中介语表现具有一致性。Jarvis（2000）确定迁移的标准比较全面，但可操作性差，尤其对语用迁移研究而言。正因如此，还没有语用迁移研究验证该框架的可行性（杨仙菊，2006）。

本研究在前人研究框架基础上，尤其是借鉴了 Beebe *et al.*（1990）、Su（2010）的语用迁移判定标准，结合三语语用迁移实际情况，构建了本研究语用迁移发生的判定标准，具体如下：

表 3.9 语用迁移的判定标准

维吾尔语发生迁移的前提条件： 三语组—英语组有显著差异 & 维吾尔语组—英语组有显著差异	汉语发生迁移的前提条件： 三语组—英语组有显著差异 & 汉语组—英语组有显著差异
在满足上述前提条件基础上，依据以下标准判断是否发生维吾尔语迁移： 1. 三语组—维吾尔语组没有显著差异，即"三 = /≈ 维"，可认定存在语用迁移；或 2. 三语组—维吾尔语组有显著差异，但满足下列条件之一，仍可认定存在语用迁移： （下列公式中的数值为使用频率） （1）维＞三＞英 （2）三＞维＞英 （3）维＜三＜英 （4）三＜维＜英	在满足上述前提条件基础上，依据以下标准判断是否发生汉语迁移： 1. 三语组—汉语组没有显著差异，即"三 = /≈ 汉"，可认定存在语用迁移；或 2. 三语组—汉语组有显著差异，但满足下列条件之一，仍可认定存在语用迁移： （下列公式中的数值为使用频率） （1）汉＞三＞英 （2）三＞汉＞英 （3）汉＜三＜英 （4）三＜汉＜英

其中，使用频率、组间差异统计方法如下：首先，先分别人工统计出每组所有调查对象某一种请求言语特征使用的总频数（n），然后，用总频数除以该组写作任务总数（即该组人数 *4，4 代表 4 个写作任务），从而获得频数的百分比，即使用频率。使用频数和频率是判定是否具备迁移发生前提条件以及最终确定是否发生迁移的基础。组间差异的判定使用的工具是北京外国语大学梁茂成教授开发的工具 LLX2（Loglikelihood & Chi-square Calculator）。通过该工具

进行对数似然率检验（LL 检验），根据检验结果，判定组间是否有显著差异。本研究中对数似然比的显著值设定为 0.01，如果 $p < 0.01$，则认为两组之间具有统计意义上的显著差异；反之，则没有显著性差异。

在介绍使用频率、组间差异的统计方法后，下面将对本研究语用迁移判定标准做一简要说明：

在统计出各组请求言语特征的使用频数和频率后，下一步需要判定是否具备发生迁移的前提条件。维吾尔语发生迁移的前提条件是：三语组—英语组有显著差异 & 维吾尔语组—英语组有显著差异；汉语发生迁移的前提条件是：三语组—英语组有显著差异 & 汉语组—英语组有显著差异。基于已计算出的使用频数及频率，使用 LLX2 工具对三语组—英语组、维吾尔语组—英语组、汉语组—英语组进行对数似然率检验（LL 检验），以检验是否有显著差异。

在确定具备迁移的前提条件后，还需依据一定标准，才能最终认定是否存在迁移。以判定维吾尔语迁移为例，有两种情形：其一，三语组—维吾尔语组没有显著差异，即"三 = /≈ 维"，可认定存在维吾尔语迁移；其二，三语组—维吾尔语组存在显著差异，但频率满足下列四种条件之一（维 > 三 > 英、三 > 维 > 英、维 < 三 < 英、三 < 维 < 英），可认定为存在维吾尔语迁移。同样，依据同一标准判定是否存在汉语迁移。

以上所描述的本研究中维吾尔语、汉语迁移的判定过程及标准可通过图 3.2 更为直观地呈现。

二 回顾性访谈数据收集与分析

上一小节介绍了电子邮件写作任务（EWT）的语料收集与分析情况。除 EWT 外，本研究中的另一研究工具是回顾性访谈。回顾性访谈旨在了解三语组（维吾尔族英语学习者）用英语实施请求时的思维过程，以获取学习者内省数据，从而可更为客观地揭示维吾尔语、汉语对其英语请求产生的影响。本节中将对回顾性访谈的数据收集与分析过程进行描述。

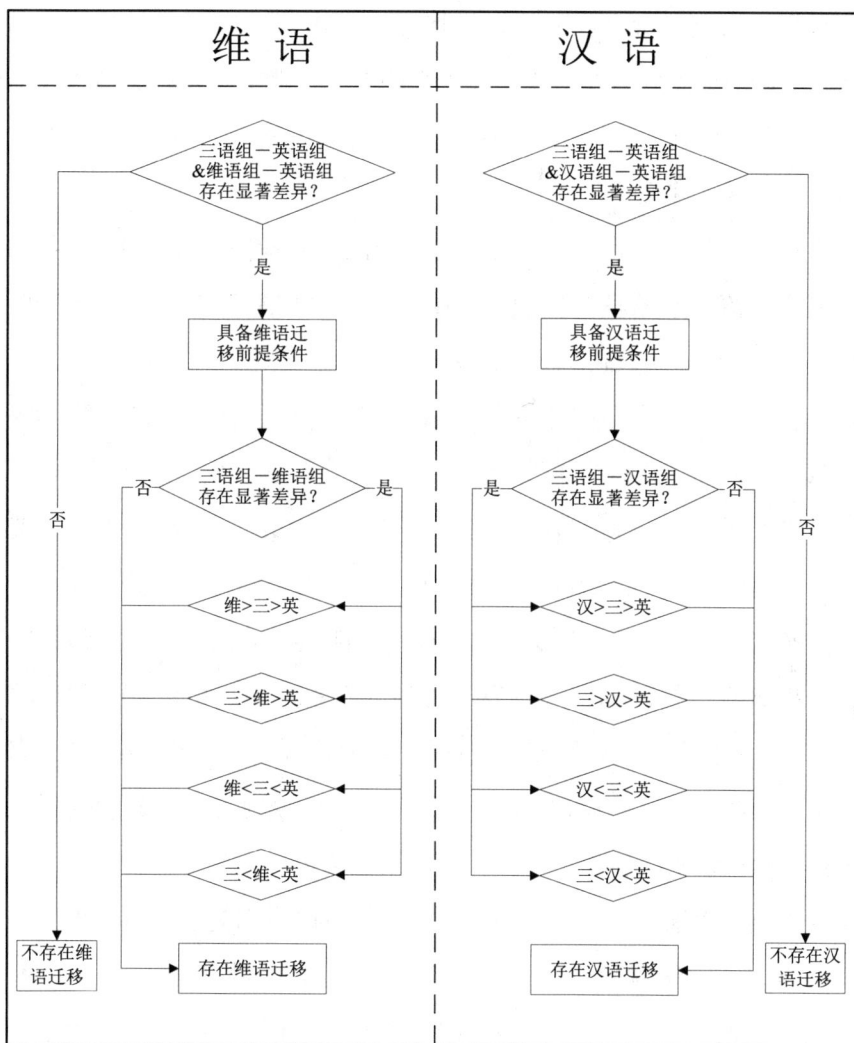

图 3.2　本研究的语用迁移判定标准

　　回顾性访谈于 2014 年 9 月进行，共有六名三语组对象参与访谈。本研究未能在 EWT 语料收集之后立即进行访谈的原因是：访谈提纲的拟定应在对 EWT 语料进行标注并初步量化分析基础上进行，而语料的标注及统计分析工作需要一定的时间。回顾性访谈这种数据收集手段的一个缺陷在于，参与者的记忆与真实的情境之间在经过一段时间的间隔后会存在差异，记忆也许变得比较模糊，一些细节也会有漏遗（李茨婷，2009）。为了弥补这个可能的缺陷，在访谈过程中为了帮助受访者回忆，研究者向受访者提供其本人完成的 EWT 文本，以刺激其回忆。

　　联系访谈对象的过程比较顺畅。访谈对象均抽样选自在 EWT 文本上主动留下联系信息，表达了参与访谈意愿的调查对象。研究者联系访谈对象时，首先就本研究的主题、研究伦理、数据保密、匿名处理、访谈录音等问题进行说明与解释。抽样选中并进行联系的六名学生全部同意接受访谈。

　　研究者在访谈前作了充分的准备工作。首先，基于 EWT 数据统计分析结果，拟定访谈内容。在此基础上，认真研究每位分析访谈对象 EWT 文本，根据其完成情况，有针对性地设计访谈问题。最终的访谈提纲除拟提问问题外，还附有访谈对象姓名、访谈地点和时间等信息（见附录6）。研究者在进行访谈前打印好访谈提纲、知情书及访谈对象完成的 EWT 文本。另外，对于访谈时使用的语言，研究者提前向访谈对象给予说明。访谈将用汉语进行，考虑到汉语非访谈对象母语，用汉语表达可能会存在困难，所以告知他们可以用母语维吾尔语表达，研究者会邀请精通维汉双语的助手协助访谈。但所有访谈对象表示，用汉语表达不存在障碍，因此没有邀请双语助手。

　　访谈所选择的地点均为安静的场所，访谈时间持续约 60—100 分钟。访谈采用专业录音笔进行录音。研究者访谈开始前打印好访谈提纲，并留有足够空间用于记录访谈中出现的信息要点，以及随时可能追问的相关信息。访谈结束后，六名访谈对象均留下联系方式，并说明若研究者还需要进一步了解其他相关信息，可以联系他们以便进行后续补充。访谈数据收集的具体情况如表 3.10 所示：

表 3.10　　　　　　　　　　　访谈数据收集情况表

访谈对象	访谈类型	访谈日期	访谈地点	时长	访谈工具
学生 1		2014.9.10	研究者办公室	1 小时 31 分钟	
学生 2		2014.9.13	学生寝室	1 小时 17 分钟	
学生 3	半结构式访谈	2014.9.16	研究者办公室	1 小时 37 分钟	录音笔、访谈提纲、笔
学生 4		2014.9.20	某高校办公室	59 分钟	
学生 5		2014.9.21	某高校办公室	1 小时 3 分钟	
学生 6		2014.9.24	研究者办公室	1 小时 16 分钟	

本研究共采集六份访谈音频资料，访谈录音共计 7 小时 41 分钟。研究者对所有访谈音频资料进行逐字逐句转写，在请访谈对象核对后，形成访谈转写稿文本（共计 112,089 字）。接下来，研究者对访谈转写稿进行编号。访谈转写及编号记录情况见表 3.11。

表 3.11　　　　　　　　　　　访谈转写情况及编号记录

访谈对象	文本编号	页数	行数	字数	访谈资料分类编号举例
学生 1	X1	42	1,117	20,113	
学生 2	X2	37	1,013	18,142	
学生 3	X3	53	1,344	24,563	X1/35
学生 4	X4	30	783	14,167	表示访谈内容选自学生 1 转写稿第 35 页
学生 5	X5	33	863	15,496	
学生 6	X6	41	1,083	19,608	
总计	6 份访谈转写稿，共计 112,089 字				

研究者对文稿进行逐行分析，进而分类整理。由于本研究采用半结构化访谈，主要了解访谈对象的英语学习情况；维吾尔语、汉语在访谈对象英语学习中的作用及其对维吾尔语、汉语、英语三种语言间距离的感知；访谈对象 EWT 文本中的英语请求言语行为使用情况，如使用某种语言形式的原因，是否确信该语言形式的正确性以及如何理解该用法等；访谈对象完成电子邮件时的思维及写作过程。因此，在访谈数据分析的过程中，主要依据访谈中的问题进行数据的归类和命名。通过对访谈数据的分析，获取三语者用英语实施请求过程中的内省数据，是对 EWT 文本量化分析结果的有效补充。

第五节　研究信度与效度

为保证研究数据、分析结论的可靠性与准确性，本研究主要从以下几方面做出了努力。

首先，本研究采用定量与定性相结合的混合型研究方法。量化数据通过电子邮件写作任务（EWT）统计分析获得，质性分析则主要体现在三语组对象的回顾性访谈。采用混合研究方法将质性资料与量化数据连接起来，通过三角验证，两种数据可以彼此巩固对方的论证；另外，可供细究或推动数据的分析，获得更丰富的细节（Rossman & Wilson，1994）。

其次，研究者对调查对象进行严格抽样。本研究涉及多组调查对象（三语组、维吾尔语组、汉语组和英语组），研究者对各组调查对象尤其是三语组对象语言背景、教育背景及英语水平等进行严格筛查，确保调查对象具有代表性。同时，研究者对调查对象的选取过程以及调查过程进行了详尽的描述。

再次，研究者严谨的设计过程提高 EWT 情境设计的内容效度。具体过程设计严谨，具体为：收集学生经历或设计的请求情境—研究者进行排序、筛选—依据非正式访谈反馈确定请求情境—根据各组不同文化背景调整情境细节—确定相应语言版本—进行预调查—形成最终版本 EWT。

再次，本研究采用多种方式提高语料标注的信度。除研究者本人外，还邀请另一位有经验的标注人员参与部分语料标注工作；另外，研究者本人对部分语料进行两轮标注。通过上述两种办法提高了标注人员间信度和内信度。针对语料标注过程中有疑问之处，研究者向该领域的专家和具有丰富标注经验的学者进行咨询。

除语料标注由两位标注人员完成外，三语组电子邮件写作任务的评分也采用两位教师评分的方法，以提高评分的准确度。

最后，通过研究对象检验法保证访谈转写文稿的效度。三角验证法是常用的保证效度的方法，三角验证法之一就是研究对象验证法（杨鲁新等，2013）。研究者对所有录音材料在进行转写后均交由访谈对象确认，请他们进行核对，确认研究者所记录的话语是他们的真实想法或行为。

第六节　研究伦理

一项好的研究不仅需要科学、严谨地进行研究设计、数据分析和结果汇报，还要严格遵守研究伦理规范。外语教学研究以"人"为研究对象，研究者与研究对象之间的关系会直接影响研究的科学性和数据的准确性，对研究者来说，遵守科研道德和伦理规范显得尤为重要（刘浩、张文忠，2014）。本研究采用以下策略来遵循研究伦理规范。

首先，基于自愿原则，尊重研究对象的知情同意权。研究开始之前，研究者向研究对象明确阐释本研究的研究目的、研究过程，招募志愿者，以确保研究对象在了解研究需要和各自权责的基础上自愿参与研究，并允许中途退出。所有访谈对象均签署知情同意书（见附录5）。

其次，注重保护研究对象的隐私。本研究的研究对象涉及维吾尔族少数民族学生及英语本族语者，另外，本研究采用定量与定性相结合的混合型研究范式，质性研究侧重从研究对象的主位视角去解释他们的行为，因而会更多地介入他们的私人空间，此时，对研究对象隐私的保密显得尤为重要。一方面，研究者承诺研究对象提供的资料仅供研究使用，凡涉及个人隐私部分，一律采用化名以尊重和保护研究对象的隐私。另一方面，研究者避免调查与研究无关的个人信息，不强求研究对象提供其不愿意提供的信息。

再次，本研究遵循互惠原则。互惠原则不仅是保障访谈对象利益的有效措施，同时也是研究者与访谈对象建立友好关系的必要手段。研究者在和访谈对象联系的时候注意尊重他们的意见和要求，在协调访谈时间和地点时，尽可能调整研究者自己的安排来满足他们对时间和地点的需要。研究结束后，对于研究对象的积极配合，研究者以不同方式表达了谢意。同时，研究者留下了自己的联系方式，承诺愿意随时解答学生有关英语学习方面的疑问，为他们的英语学习提供帮助。

第七节　小结

本章详尽汇报了本研究的研究设计。在第一节，研究者基于对研究现状的分析和我国少数民族学生英语教育教学的现实需要，提出了本研究的两个主要研究问题。这两个研究问题分别探讨母语、汉语对学习者三语（英语）语用产出产生的影响，以及三语水平与已习得两种语言迁移的关系。

在第二节，研究者介绍了本研究的研究对象。研究对象共四组192人，均为在校大学生。其中，调查组（也称三语组）由92名内地高校维吾尔族英语学习者组成，且根据其英语水平分为高水平组和低水平组。三个对照组分别为维吾尔语本族语者组（32人）、汉语本族语者组（36人）和英语本族语者组（32人）。

第三节交代了本研究的研究方法及具体的研究工具。本研究采用量化、质化兼取的混合研究方法，主要研究工具有两个：电子邮件写作任务和回顾性访谈。要求研究对象根据请求情境完成电子邮件写作任务，另外，选取六名三语组学生进行回顾性访谈，以获取维吾尔语、汉语迁移的内省数据。

第四节详尽阐述了数据收集的过程与分析方法。其中对电子邮件写作任务语料收集与分析的描述包括语料收集的过程、本研究的语料标注方案以及语料分析框架。本研究中的电子邮件写作任务语料由192人共计768条电子邮件请求言语行为构成，对语料的标注主要依据 Blum-Kulka *et al.*（1989）跨文化言语行为实现方式研究项目中的请求言语行为语料标注方案，另外，研究者在前人研究基础上，构建了三语语用迁移发生的判定标准。在本节中，研究者还对回顾性访谈数据的收集与分析过程进行了描述。本研究共采集六份访谈音频资料，访谈录音共计7小时41分钟。研究者对所有访谈音频资料进行逐字逐句转写，形成访谈转写稿文本。

在第五节、第六节中，研究者分析了本研究的信度与效度，并交代了本研究对研究伦理的遵守和执行情况。

接下来的第四章将围绕第一个研究问题，通过对量化数据及质性资料结果的描述，从请求策略形式、请求内部修饰语、请求外部修饰语三个方面汇报和分析维吾尔语、汉语对维吾尔族英语学习者英语请求言语行为产生的影响，并对研究结果进行讨论。

第四章　维吾尔族学生英语请求言语行为中维吾尔语、汉语迁移

　　上一章对本研究的研究问题、研究对象、研究工具、数据收集与分析过程进行了详细的论述。本章和第五章将结合研究问题，对研究结果进行报告与讨论。

　　本章主要围绕第一个研究问题，汇报维吾尔语、汉语在维吾尔族学生英语请求行为中的迁移情况，比较维吾尔语、汉语的迁移程度，并进行讨论。本章包括五个小节：前三节通过对比三语组（维吾尔族英语学习者）与三个本族语者组（维吾尔语组、汉语组和英语组）的请求言语行为，来报告和分析维吾尔语、汉语对维吾尔族英语学习者英语请求言语行为的影响；第四节在对前三节研究发现凝练基础上，对主要研究发现进行讨论；第五节是本章小结。

　　在本章中，对各组间请求言语行为的对比主要包括三个方面——请求策略形式、请求内部修饰语和请求外部修饰语。对每个层面的对比分析将从使用频数和内容两个方面展开。研究者将通过比较组间请求言语行为各组成部分的使用频数与频率，并根据第三章第四节维吾尔语、汉语迁移判定标准，对量化数据结果进行汇报和分析。此外，研究者还将以量化分析统计结果为基础，结合收集的电子邮件写作任务语料和回顾性访谈数据，对微观请求内容进行分析。在

此基础上，研究者对主要研究发现进行讨论，并与前人相关研究结论进行比照。

第一节　请求策略形式中维吾尔语、汉语迁移

如前所述，请求策略根据直接程度可分为直接策略、规约性间接策略和非规约性间接策略三种类型，每种类型又可分为不同的策略形式，具体包括：直接询问型、语气引导型、显性施为动词型、模糊施为动词型、义务陈述型、需要陈述型、建议表达型、探询型及暗示型。

下面将从量化数据和质性数据两方面对维吾尔族学生请求策略形式中的维吾尔语、汉语迁移情况进行报告。

一　量化数据分析结果

首先，根据第三章第四节的语料标注方案，对所有研究对象（共四组）的电子邮件写作任务（含四个情境，即四个写作任务）进行标注；接下来，分别统计出每组研究对象某一种请求策略形式使用的总频数（n）；然后，用总频数除以该组邮件写作任务总数（即人数 *4，4 代表 4 个写作任务），从而获得频数的百分比，即使用频率。各组请求策略形式使用情况如表 4.1 所示：

表 4.1 中呈现的是各组请求策略形式使用频数和频率，将用作后续判定是否具备迁移发生前提条件以及最终确定是否发生迁移的基础。获得各组请求策略形式的使用频数和频率后，下一步需要判定是否具备发生迁移的前提条件。如本书在第三章第四节所阐明，维吾尔语发生迁移的前提条件为：三语组—英语组有显著差异 & 维吾

尔语组—英语组有显著差异；汉语发生迁移的前提条件为：三语组—
英语组有显著差异 & 汉语组—英语组有显著差异。

表 4.1 　　　　　　　　　　各组请求策略形式使用情况

请求策略形式	维吾尔语组 (128)		汉语组 (144)		三语组 (368)		英语组 (128)	
	n	%	n	%	n	%	n	%
a. 直接询问型	2	1.6	1	0.7	0	0	4	3.1
b. 语气引导型	82	64.1	16	11.1	29	7.9	0	0
c. 显性施为动词型	7	5.5	11	7.6	4	1.1	1	0.8
d. 模糊施为动词型	3	2.3	31	21.5	1	0.3	0	0
e. 义务陈述型	0	0	0	0	0	0	0	0
f. 需要陈述型	28	21.9	27	18.8	158	42.9	4	3.1
g. 建议表达型	0	0	0	0	0	0	0	0
h. 探询型	4	3.1	54	37.5	167	45.4	112	87.5
i. 暗示型	2	1.6	4	2.8	9	2.4	7	5.5

基于表4.1中的使用频数及频率，使用LLX2工具对三语组—英
语组、维吾尔语组—英语组、汉语组—英语组进行对数似然率检验
（LL检验），以检验是否有显著差异。结果见表4.2：

表 4.2 　　　　　　　组间请求策略形式频数对数似然率检验

请求策略形式	三语组—英语组		维吾尔语组—英语组		汉语组—英语组	
	LL	p 值	LL	p 值	LL	p 值
a. 直接询问型	-10.836	0.001*	-0.680	0.410	-2.298	0.130
b. 语气引导型 △ ☆	17.313	0.000*	113.676	0.000*	20.352	0.000*
c. 显性施为动词型	0.093	0.760	5.062	0.024	8.615	0.003*
d. 模糊施为动词型	0.597	0.440	4.159	0.041	39.431	0.000*
e. 义务陈述型	0.000	1.000	0.000	1.000	0.000	1.000

续表

请求策略形式	三语组—英语组		维吾尔语组—英语组		汉语组—英语组	
	LL	p 值	LL	p 值	LL	p 值
f. 需要陈述型 △ ☆	67.649	0.000*	17.676	0.000*	16.532	0.000*
g. 建议表达型	0.000	1.000	0.000	1.000	0.000	1.000
h. 探询型 △ ☆	-27.252	0.000*	-126.011	0.000*	-28.106	0.000*
i. 暗示型	-2.406	0.121	-2.942	0.086	-1.220	0.269

注：表中"LL"代表对数似然值；"*"表示对数似然值检验结果差异显著（$p<0.01$）；"△"表示具备维吾尔语迁移条件；"☆"表示具备汉语迁移条件。

如表 4.2 所示，三语组—英语组、维吾尔语组—英语组同时具有显著差异（$p<0.01$）的请求策略形式有三个，分别是：语气引导型、需要陈述型和探询型，表明这些形式具备维吾尔语迁移的前提条件（用"△"表示）；同样，上述三种请求策略类型也同时满足三语组—英语组、汉语组—英语组均存在显著差异（$p<0.01$），表明具备汉语迁移的前提条件（用"☆"表示）。

在确定具备迁移的前提条件后，还需依据一定标准，才能最终认定是否存在迁移。以判定维吾尔语迁移为例，有两种情形：其一，三语组—维吾尔语组没有显著差异，即"三 = /≈ 维"，可认定存在维吾尔语迁移；其二，三语组—维吾尔语组存在显著差异，但使用频率满足下列四种条件之一（维＞三＞英、三＞维＞英、维＜三＜英、三＜维＜英），仍可认定存在维吾尔语迁移。同样，依据同一标准判定是否存在汉语迁移。

具体而言，首先，针对三个具备迁移条件的请求策略形式（b，f，h），再次利用LLX2分别对三语组—维吾尔语组、三语组—汉语组进行对数似然率检验，以检验组间是否有显著性差异。然后，依据上文所介绍的标准，判定是否存在迁移。具体结果见下表4.3：

表 4.3　　　　　　　三语组请求策略形式中维吾尔语、汉语迁移的表现

请求策略形式	维吾尔语组%	汉语组%	三语组%	英语组%	三语组—维吾尔语组		三语组—汉语组		迁移表现
					LL	p 值	LL	p 值	
语气引导型 ▲★	64.1	11.1	7.9	0	-111.947	0.000*	-1.173	0.279	维>三>英；三 = ≈汉
需要陈述型 ▲★	21.9	18.8	42.9	3.1	12.584	0.000*	19.080	0.000*	三>维>英；三 >汉 >英
探询型 ▲★	3.1	37.5	45.4	87.5	72.584	0.000*	-1.532	0.216	维<三<英；三 = ≈汉

注："▲"表示存在维吾尔语迁移；"★"表示存在汉语迁移；最右侧一栏中维、汉、
　　三、英分别代表维吾尔语组、汉语组、三语组、英语组。

从表 4.3 可见，三语组在语气引导型、需要陈述型、探询型三种
形式使用上均存在维吾尔语、汉语迁移。具体而言：

在语气引导型方面，英语组没有使用该策略形式，三语组、
汉语组均少量使用（7.9%、11.1%）。对数似然率检验结果显示，
三语组—汉语组在语气引导型使用上没有显著差异（LL=-1.173，
$p>0.01$），表明三语组在该形式使用上受汉语影响；维吾尔语组
语气引导型使用频率最高，达到了 64.1%，三语组—维吾尔语组之
间虽呈现显著差异（LL=-111.947，$p<0.01$），但仍符合维吾尔语
迁移发生判定条件（维 > 三 > 英），说明三语组在语气引导型使
用上受维吾尔语影响。

在需要陈述型方面，英语组使用频率最低，仅为 3.1%，三语组
频率最高（42.9%），高出英语组近 13 倍，维吾尔语组、汉语组也使
用一定数量的需要陈述型（21.9%、18.8%）。对数似然率检验结果显示，
三语组—维吾尔语组、三语组—汉语组在需要陈述型使用上均存在

显著差异（LL= 12.584，$p<0.01$；LL= 19.080，$p<0.01$），但分别满足维吾尔语、汉语迁移发生的判定条件（三＞维＞英、三＞汉＞英），表明同时存在维吾尔语、汉语迁移。

在探询型使用上，英语组使用频率最高，高达 87.5%，三语组、汉语组分列第二、三位，分别为 45.4%、37.5%，两组使用频率相当。从对数似然率检验结果可以看出，三语组—汉语组没有显著差异（LL=-1.532，$p>0.01$），表明三语组在探询型使用上存在汉语迁移；维吾尔语组的探询型使用频率在四个组中最低（3.1%），对数似然率检验结果显示，三语组—维吾尔语组有显著差异（LL=72.584，$p<0.01$），但仍符合维吾尔语迁移判定条件（维＜三＜英），表明存在维吾尔语迁移。

总体来看，三语组在语气引导型、需要陈述型和探询型三种策略形式使用上既受维吾尔语影响，也受汉语影响，表现出复杂性；另外，也可发现，虽然三语组在上述三种请求策略形式上同时受维吾尔语、汉语影响，但相对于维吾尔语组，三语组语气引导型和探询型的使用频率与汉语组更为接近。对数似然率检验结果显示，三语组—汉语组在这三种请求策略形式使用上均无显著差异。

二 质性数据分析结果

语用迁移不仅体现在使用频数和频率方面，还体现在语用特征的具体内容方面（Li W., 2009）。上一节从使用频数和频率角度对三语组英语请求策略形式中的维吾尔语、汉语影响进行了报告与分析，本节将主要围绕使用频数及频率出现迁移的三种形式，即语气引导型、需要陈述型和探询型，从这三种策略形式的具体内容方面分析维吾尔语、汉语的影响。

（一）语气引导型

语气引导型，即话语直接表明请求的言外之意，最典型的句式是祈使句。上一节频数分析结果显示，语气引导型在英语组语料中没有出现，而维吾尔语组、汉语组及三语组均不同程度使用该策略形式，其中，维吾尔语组使用频率最高（64.1%）。以下是维吾尔语组、汉语组、三语组使用语气引导型的实例。

［维吾尔语组］

خاپا بولماي ماڭا تور ئادرېسىنى يوللاپ بەرگەن بولسىڭىز

一下　给　发　地址　网络　向我　别嫌麻烦（W10-1）

سەن ماڭا ياردەملىشىپ مەكتىپىڭلاردىن 30 نەپەر، ئۇيغۇر ئوقۇغۇچىنى تېپىپ تەكشۈرۈش سوئالىنى

调查问卷　找到　学生　维吾尔位 30 从你们学校 帮助 向我 你

توشقۇزۇپ بەرگەن بولساڭ

一下　　　填　　　　（W24-2）

ئۇغرا كۆرمەي ماڭا بىر ماتېريال تەۋسىيە قىلغان بولسىڭىز

一下　　推荐　资料　一个 给我 别嫌麻烦　（W20-3）

［汉语组］

– 网址发给我下。（H5-1）

– 你把买球拍的网址发给我一下。（H10-1）

– 你帮我找一下那个网址然后发给我吧。（H15-1）

［三语组］

–Please tell me the website.（S50-1）

–Please help me send the website address.（S65-1）

–Please help me find 20 American university students to complete the questionnaire.（S49-2）

已有研究发现，语气引导型是维吾尔语中使用频率最高的请求策略形式（刘惠萍，2012；彭瑶，2013）；同样，该策略形式在汉语中也有较高的使用频率（Gao, 1999；Lee-Wong, 2000）。本研究的发现与前人结论一致。另外，本研究中的三语组同样倾向于使用语气引导型这一策略形式，这可能是受到维吾尔语、汉语的影响，这一点在学生的访谈中得到了验证（见访谈 4.1、访谈 4.2）。

访谈 4.1

研究者： 在情境 1 中，你写到："If you have free time, send the website to me." 你能解释一下为什么要使用这种形式吗？

学生 1： 我那时候就心里想……用我们的母语想了一遍，然后直接翻译的。

研究者： 你想的是维吾尔语，是否想过用汉语呢？

学生 1： 我想过，但是那时候我怕把它连接不上，所以就……

（X1/14）

访谈 4.2

研究者： 在情境 1、3、4 中，你都用了 "Please help me." 这种语言形式，你能解释一下原因吗？

学生 4： 这些都是我们在生活里的情境，然后跟别人求帮助的时候就用这种语言说话嘛。现在跟他们求帮助的话，也是用这种思考……

研究者： 这种思考指的是？

学生 4： 就是用维吾尔语、汉语求别人帮助的时候说的话嘛。

研究者： 那具体是用维吾尔语还是汉语思考呢？

学生 4： 这个……我也没太注意，应该是维吾尔语、汉语都有吧……维吾尔语毕竟是母语嘛，汉语也学了很长时间了，应该都有。

（X4/8-9）

从以上访谈片段可以看出，访谈对象在用英语请求时使用语气引导型策略形式受到维吾尔语、汉语的影响。学生 1 提到，当时用英语写的时候，"用母语想了一遍，然后直接翻译的"；学生 4 与其类似，强调这是维吾尔语、汉语中做请求时使用的语言，所以用英语请求时很自然会"用维吾尔语、汉语求别人帮助的时候说的话"。

（二）需要陈述型

需要陈述型表达请求人的愿望或希望，以期望被请求人实施该行为。常见动词有"want/ 想""need/ 需要""wish/ 希望""I'd like/ 愿意"等。上节频次统计结果表明，三语组在需要陈述型策略形式的使用上存在维吾尔语、汉语迁移。维吾尔语组、汉语组、三语组在表达请求时较多使用需要陈述型，而英语组则极少使用该策略形式。

从具体内容来看，维吾尔语组、汉语组需要陈述型中基本都是使用"希望"。三语组除了使用"I hope"外，还使用"I want"；英语组需要陈述型仅出现 4 例，其中"I was hoping"和"I would like"各出现 2 例，未发现有使用"I want"的情况。以下是各组需要陈述型使用实例。

[维吾尔语组]

ماڭا ياردەم قىلىپ تەۋسىيە خەتى يېزىپ بېرىشگىزنى ئۈمىد قىلىمەن

　　希望　　　写一下　　推荐信　帮助　我　　　（W12-4）

سىزنىڭ خاپا بولمای مەكتىپىڭىزدىكى 30 نەپەر ئۇيغۇر ئوقۇغۇچىنى تېپىپ تەكشۈرۈش سۇئاللىنى تولشۇقۇزۇپ

　填　问卷 调查　找到 学生 维吾尔 位 30 你们学校的 别嫌麻烦 你

بېرىشگىزنى ئۈمىد قىلىمەن

　　希望　　　一下　　（W16-2）

[汉语组]

–希望你能帮我找 20 位英国本地大学生填写问卷。（H23-2）

－*希望老师可以帮我推荐一些辅导资料。*（H33-3）

－*希望您能在百忙之中抽出时间帮我写一封推荐信。*（H10-4）

［三语组］

－*I hope* you can help me find 20 local American college students to fill in the investigation. (S59-2)

－*I want* you to help me find 20 American native college students to do the questionnaire. (S13-2)

－ *I want* you to write me a letter of reference. (S16-4)

［英语组］

－*I would like* to know where you got it. (Y15-1)

－ *I was hoping* you could help me out? (Y20-2)

通过对各组语料中需要陈述型表达的分析发现：三语组使用"I hope"较为频繁，这与维吾尔语组、汉语组情况基本一致，而该表达在英语组中使用频率极低，仅出现2例，且均使用"I hope"的变体形式"I was hoping"。"I hope"在三语组中频繁出现可能是受维吾尔语、汉语影响。另外，三语组还倾向使用"I want you to do ..."，但该表达在英语组中则没有出现。前人研究（如杨仙菊，2006；Wang，2011）也得出类似结论，并将其归因于受汉语中"我想"的影响。同样，本研究中，汉语组使用"我想请你""我想让你"的频率非常高。在汉语中，"我想请你""我想让你"是典型的请求方式，但已有汉语请求相关研究对其归类并不明确，有研究将其归入需要陈述型，也有将其归入模糊施为动词型。本研究采用Gao（1999）的分类，将"我想让你""我想请你"归至模糊施为动词型。这一表达在汉语组请求策略形式中占相当比重（21.5%）。以下是汉语组使用"我想请你""我想让你"的实例：

［汉语组］

－ *我想请你帮忙在你们那里找20位英国本地大学生填写问卷，好吗？（H7-2）*

－ *我想让你帮我找20位英国本地大学生填写问卷。（H36-2）*

－ *我想请老师给些指点，或者给我推荐一些对写作有帮助的辅导材料。（H14-3）*

－ *我想请老师帮我写一下推荐信。（H5-4）*

"我想请你""我想让你"这两种表达形式在维吾尔语组中也有出现，同样归入模糊施为动词型。相对于汉语组，维吾尔语组使用该形式的频率非常低，仅为2.3%。因此，三语组频繁使用"I want you to..."形式可能主要是受汉语影响。

访谈也显示，访谈对象在使用"I want you to..."时想要表达的是汉语中的"我想请你"或"我想让你"，将英汉语中的表达对等，有3名访谈对象在访谈中表达了这样的观点。

访谈 4.3

研究者： 我注意到在情境2和情境3中，你都使用了"I want you to..."，能解释一下为什么要用这种形式吗？

学生 1： "I want"翻译的话，就是"我想"，那时候我翻译成"我想让你做"。

研究者： 那情境2，你会翻译成"我想让你找20名……"

学生 1： ……不是，"我想请你……"比较好。

研究者： 那这个呢？［*指该学生在情境 3 中用 "I want you introduction..."*］

学生 1： 这个我也觉得用"我想请你……"比较好。（X1/15）

访谈 4.4

研究者： 你在情境 3 中写到"I want you to introduce some English speeches video or listening..."。能解释一下为什么要用"I want you to..."这种表达吗？

学生 2： 因为我最熟悉这个了，……所以当时写的时候，可能是用这个比较好一点，就那样写。但现在感觉这样好像不大好……我当时想说"我想请你"，但是我现在发现这个句子表达的是"我想让你什么什么"。（X2/16）

访谈 4.5

研究者： 你在情境 1 和情境 4 中都用了"I want you to..."，比如在情境 1 中，你用的是"want you to give me again."情境 4 中，你用的是"I want you to help me write reference letter."能回忆一下为什么要用这种句型吗？

学生 3： 就是想表达，我想你给我那个地址，我想你能帮我，我就想表达那个，所以用"want"，然后想起来有那个"want sb. to do sth."，我就是这么想的。

研究者： 你觉得"want sb. to do sth."与汉语当中的"我想让你"、"我想请你"对应吗？

学生 3： 对应吧，嗯，对应，我觉得对应，所以我用了。（X3/26）

三语组频繁使用"I want you to..."，除了受汉语"我想请你""我想让你"这种表达影响外，另一原因是学习者很早就学习过"want sb. to do"，对这一表达非常熟悉（见访谈 4.6）。

访谈 4.6

学生 2： 因为我最熟悉这个了，就是我上高中的时候，老师就给我们
　　　　总是把那个，就是"want sb. to do"那些句型什么的，让我们
　　　　背的滚瓜烂熟，所以当时写的时候，可能是用这个比较好一点，
　　　　就那样写……（X2/16）

学习者虽然很早就学习了"want sb. to do"这种用法，但对在何
种情况下使用该表达及其礼貌程度却并不是很清楚，这主要体现在
权势、强加度最高的情境 4（请教授写推荐信）中"want sb. to do"
的使用频率在四个情境中反而最高，这种情况在低水平组、中等水
平组调查对象中尤其如此（见访谈 4.7）。

访谈 4.7

研究者： 你在情境 4 中写到"I want you to help me write reference letter."
　　　　你觉得这里用"I want you to..."是否合适？

学生 3： 我觉得合适，是正确的。

研究者： 那你觉得"I want you you..."这种表达的礼貌程度怎么样？

学生 3： 还可以。咱们就是日常，就是同学之间的，就是请求帮忙，
　　　　然后请求借本书啥的，我们就会直接说，我想让你把那个书
　　　　借给我一下……

研究者： 你对在英语中如何使用"want sb. to do sth."了解吗？

学生 3： 这个忘了。

研究者： 学过这种用法吗？

学生 3： 学过，可是忘了……　（X3/26-27）

也有访谈对象表示，在写邮件时觉得可以用"want sb. to do"，

但接受访谈时意识到使用这种表达不合适（见访谈 4.8）。

访谈 4.8

学生 2： 因为我最熟悉这个了，……但现在感觉这样好像不大好。

研究者： 为什么觉得不大好？

学生 2： 那个是，是一个大学老师，然后"want sb. to do sth."的话就是想要某人做某事，就是好像有命令的那种意思。但当时我没想到这个。我当时想说"我想请你"，但是我现在发现这个句子表达是我想让你什么什么。

研究者： 对方是老师，是吗？现在感觉有点不够礼貌？

学生 2： 对对对。但当时觉得这个是对的……　　（X2/16）

从以上访谈片段（访谈 4.3—4.8）可以看出，访谈对象用"I want you to..."时，想要表达"我想请你……"，汉语中"我想请你"是一种较为礼貌的表达请求的方式，但"I want you to ..."在英语中的礼貌值则不同。英语中很少用"I want you to ..."表达自己的愿望，因该表达方式过于直接，礼貌程度较低，所以在向对方做出请求时经常被避免使用（刘国辉，2003）。正因如此，"I want you to..."在英语组语料中没有出现。英语组语料中出现的需要陈述型形式是"I would like ..."，共有 2 例，且用于低强加度情境中（情境 1 和情境 3）。三语组频繁使用"I want you to ..."，且在使用时不分情境与强加度，主要体现在在权势、强加度高的情境 4 中反而使用最为频繁。这表明，三语组受汉语影响，将"I want you to..."对等于汉语中的"我想请你……"，在内容上表现出汉语迁移。另外，从访谈可以看出，访谈对象对英语中"I want you to ..."这一表达的用法并不了解。

（三）探询型

探询型表示请求人询问被请求人实施该行为的能力、意愿、可能性或可行性等，通常以疑问句形式出现。如前所示，在探询型策略形式使用上，英语组频率最高（87.5%），维吾尔语组最低（3.1%），汉语组、三语组居中，两组使用频率较为接近（37.5%、45.4%）。上一节量化数据结果表明，三语组在探询型使用上受维吾尔语、汉语影响。

从具体内容来看，维吾尔语组中探询型仅出现4例，其中3例使用"你能……吗？"1例用"可以……吗？"汉语组倾向使用"你能（帮我）……吗？""可以请你/麻烦你……吗？"个别加上先决条件否定形式，以缓和语气，如"能不能……？""可否……"等。

同样，与汉语中"你能……吗？"相对应的英文表达"Can you ...?"在三语组中被大量使用，约占三语组探询型策略形式使用总频数的85%，这在某种程度上可能是受汉语、维吾尔语的影响。但是，与"可以……？"相对应的寻求对方许可的表达"May I..."在本研究三语组语料中没有出现，这与 Li W.（2009）结论有所不同。

以下是维吾尔语组、汉语组、三语组语料中探询型表达实例。

［维吾尔语组］

سىزماڭا مەكتىپىڭىزدىكى ئۇيغۇر ئوقۇغۇچىلارنىڭ پىكرىنى يوللاپ بەرەسىزمۇ؟
能发一下……吗？意见 学生的 维吾尔 你们学校的　给我　　你
（W26-2）

ماتېريال تەۋسىيە قىلىپ بەرەلەسىزمۇ ماڭا ياردەم قىلىپ
可以吗　推荐　资料　　帮　　我　　　（W23-3）

［汉语组］

－能把卖家的网址告诉我吗？（H22-1）

－想多看一些写作方面的材料，你能帮我推荐一下吗？（H35-3）

–可以把卖家网址发给我一下吗？（H9-1）

–你能不能帮我找 20 位英国本地大学生填问卷？（H1-2）

［三语组］

–Can you recommend me some mp3 and video to help me correct the speech problems?（S6-3）

–Can you please recommend some moderate difficulty audio or video file about English speech to me?（S7-3）

– Can you please write a reference letter for me?（S7-4）

受汉语、维吾尔语影响，三语组探询型策略使用频率远低于英语组。另外，三语组探询型表达方式单一，除了"Can you... ?/Could you...?"外，很少使用其他表达方式，其中"Can you...?"的使用频率约占探询型总频次的 85%。

与三语组情况不同，英语组使用"Can you...?/Could you...?"频率较低，英语组探询型策略使用最多的是"I was wondering..."。另外，英语组探询型表达形式更为多样化，调查对象会根据不同情境使用不同的表达形式，以达到请求之目的。以下是英语组探询型使用实例。

［英语组］

–Can you give me the web address of the site you bought it from?

（Y5-1）

–Could you please find 20 Chinese students to fill out the questionnaire I have attached?（Y26-2）

–I was wondering whether you might be able to recommend some further reading to help me?（Y32-3）

–... and was wondering if you could write a reference for me?

（Y6-4）

–Would it be possible for you to get 20 Chinese university students to fill out the questionnaire I have attached?（Y9-2）

–I would be extremely grateful if you could write one for me.（Y3-4）

–I would very much appreciate it if you could write a letter for the company I am applying.（Y14-4）

从上述实例可看出，英语组使用的探询型表达更多样化。"I was wondering if..."，"I would be greatly grateful if you could..."，"Would it be possible...?"等嵌入式结构、虚拟语气使用频率高，但上述表达在三语组语料中却极少出现。本研究对三语组调查对象这些表达的学习和使用情况进行了访谈，访谈结果如下：

访谈 4.9

研究者： 你是否学过这些用法？

学生 1： 嗯，都学过，高中都学过。

研究者： 这些句子与 "I want you to do..." 相比，礼貌程度如何？

学生 1： 他们的好。他们用的更礼貌。

研究者： 你在写邮件时有没有想过要用上面的用法？

学生 1： 那时候想不出来⋯⋯好像是忘了以前学过的，所以就没用上。

（X1/21）

访谈 4.10

研究者： 这些用法你学过吗？

学生 2： 除了这个［指 *"Would it be possible ..."*］外，都学过。

研究者: 你觉得和"I want you to do..."相比,这些表达的礼貌程度如何?

学生2: 这些肯定比这个［指"*I want you to do...*"］就是显得礼貌程度高一点。

研究者: 当时在写邮件的时候,有没有想过用上面的表达?

学生2: 会,我想过,但是当时记不起来,就感觉这些用起来也有点复杂,然后我也不确定我能不能写得正确,就我最有把握的是这个,所以就用最简单的。(X2/19)

通过访谈了解到,英语组语料中频繁使用的探询型表达,三语组访谈对象在高中时基本都学过,并且认为这些表达比"I want you to..."更为礼貌。同时,访谈对象也提到,虽然学过这些表达,但是在写邮件的时候却想不起来使用,或者即便想起来使用,却担心用得不准确,所以宁愿选择更有把握的"I want you to..."。但其中一位低水平组的访谈对象明确表示,不知道在什么情况下使用这些表达。可见,三语组调查对象虽然在英语学习中接受过探询型请求策略形式的输入,但不能学以致用,在交际中仍不能够合理、熟练使用相关英语请求语。

第二节　请求内部修饰语中维吾尔语、汉语迁移

上一节中汇报了请求策略形式中维吾尔语、汉语迁移情况,本节将对三语组请求内部修饰语中维吾尔语、汉语迁移情况进行报告。请求内部修饰语分布在言语行为中心话语内部,分为降级手段和升级手段。本研究将集中分析降级手段,因为与降级手段相比,升级手段的使用频率要低的多。降级手段可分为词汇降级手段和句法降级手段,缓和言语行为的言外之语力。

下文将从量化数据和质性数据两方面对请求内部修饰语中的维吾尔语、汉语迁移情况进行报告。

一　量化数据分析结果

对请求内容修饰语使用频数 / 频率的统计方法同上一节请求策略形式。在对四组研究对象的电子邮件写作任务（共四个写作任务）进行标注后，统计出每组研究对象某一种请求内部修饰语使用的总频数（n），再用总频数除以该组邮件写作任务总数（即人数 *4，4 代表 4 个写作任务），获得频数的百分比，即频率。表 4.4 呈现了各组请求内部修饰语使用情况：

表 4.4　　　　　　　　各组请求内部修饰语使用情况

	内部修饰语	维吾尔语组 (128)		汉语组 (144)		三语组 (368)		英语组 (128)	
		n	%	n	%	n	%	n	%
词汇降级手段	a. 主观意向语	30	23.4	59	41.0	119	32.3	59	46.1
	b. 微量语	74	57.8	23	16	0	0	0	0
	c. 降调语	0	0	0	0	2	0.5	16	12.5
	d. 呼证语	9	7.0	4	2.8	5	1.4	0	0
	e. 礼貌标记语	45	35.2	39	27.1	89	24.2	15	11.7
	f. 称呼语	1	0.8	15	10.4	1	0.3	0	0
	g. 尊称代词	0	0	47	32.6	0	0	0	0
	h. 动词重叠	0	0	1	0.7	0	0	0	0
	i. 语气词	0	0	12	8.3	0	0	0	0
句法降级手段	j. 疑问句	9	7.0	4	2.8	5	1.4	26	20.3
	k. 过去时	0	0	0	0	58	15.8	81	63.3
	l. 进行体	0	0	0	0	1	0.3	38	29.7
	m. 条件从句	13	10.2	7	4.9	17	4.6	13	10.2
	n. 先决条件否定	0	0	43	29.9	0	0	0	0

4.4 显示了各组请求内部修饰语使用频数和频率，为后续判定是否具备迁移发生前提条件以及最终确定是否发生迁移提供了原始数据。接下来，基于表 4.4 中的频数及频率，使用 LLX2 工具对三语组—英语组、维吾尔语组—英语组、汉语组—英语组进行对数似然率检验（LL 检验），以检验是否有显著差异，据此判定是否具备发生维吾尔语、汉语迁移的前提条件。维吾尔语发生迁移的前提条件为：三语组—英语组有显著差异 & 维吾尔语组—英语组有显著差异；汉语发生迁移的前提条件：三语组—英语组有显著差异 & 汉语组—英语组有显著差异（详见第三章第四节）。组间内部修饰语对数似然率检验结果见表 4.5：

表 4.5　　　　　　　　　组间请求内部修饰语频数对数似然率检验

	内部修饰语	三语组—英语组		维吾尔语组—英语组		汉语组—英语组	
		LL	p 值	LL	p 值	LL	p 值
词汇降级手段	a. 主观意向语	-4.744	0.029	-9.624	0.002*	-0.409	0.522
	b. 微量语	0.000	1.000	102.586	0.000*	29.255	0.000*
	c. 降调语△☆	-31.981	0.000*	-22.181	0.000*	-24.121	0.000*
	d. 呼证语	2.985	0.084	12.477	0.000*	5.088	0.024
	e. 礼貌标记语△☆	7.954	0.005*	15.697	0.000*	8.409	0.004*
	f. 称呼语	0.597	0.440	1.386	0.239	19.080	0.000*
	g. 尊称代词	0.000	1.000	0.000	1.000	59.783	0.000*
	h. 动词重叠	0.000	1.000	0.000	1.000	1.272	0.259
	i. 语气词	0.000	1.000	0.000	1.000	15.264	0.000*
句法降级手段	j. 疑问句△☆	-46.029	0.000*	-8.617	0.003*	-20.723	0.000*
	k. 过去时△☆	-65.190	0.000*	-112.290	0.000*	-122.111	0.000*
	l. 进行体△☆	-94.241	0.000*	-52.679	0.000*	-57.287	0.000*
	m. 条件从句	-4.313	0.038	0.000	1.000	-2.604	0.107
	n. 先决条件否定	0.000	1.000	0.000	1.000	54.695	0.000*

注：表中"LL"代表对数似然值；"*"表示对数似然值检验结果差异显著（$p<0.01$）；"△"表示具备维吾尔语迁移条件；"☆"表示具备汉语迁移条件。

表 4.5 中数据结果显示，三语组—英语组、维吾尔语组—英语组同时具有显著差异（$p<0.01$）的内部修饰语有五种，分别为：降调语、礼貌标记语、疑问句、过去时和进行体，表明具备维吾尔语迁移的前提条件（用"△"表示）；同样，上述五种内部修饰语也同时满足三语组—英语组、汉语组—英语组均存在显著差异（$p<0.01$），表明具备汉语迁移的前提条件（用"☆"表示）。

上段提及的五种内部修饰语具备迁移的前提条件，但最终认定是否存在维吾尔语、汉语迁移还需依据一定标准。虽然前文已对判定维吾尔语迁移、汉语迁移的条件做了说明，此处可能略有重复，但为清晰起见，有必要再次予以简要说明。符合以下有两种情形之一，可判定存在维吾尔语迁移：其一，三语组—维吾尔语组没有显著差异，即"三 = /≈ 维"；其二，三语组—维吾尔语组没有显著差异，但频率符合下列四种条件之一（维 > 三 > 英、三 > 维 > 英、维 < 三 < 英、三 < 维 < 英）。同理，符合以下两种情形之一，则可判定存在汉语迁移：其一，三语组—汉语组没有显著差异，即"三 = /≈ 维"；其二，三语组—汉语组存在显著差异，但频率符合下列四种条件之一（汉 > 三 > 英、三 > 汉 > 英、汉 < 三 < 英、三 < 汉 < 英）。

具体操作如下：首先，在五种具备迁移条件的请求内部修饰语（c, e, j, k, l），再次利用 LLX2 分别对三语组—维吾尔语组、三语组—汉语组进行对数似然率检验，以检验组间是否有显著性差异；然后，依据上段中所介绍的标准，判定是否存在维吾尔语、汉语迁移，结果如表 4.6 所示：

表 4.6 数据结果显示，三语组在两种词汇降级手段使用上同时存在维吾尔语、汉语迁移，分别是降调语和礼貌标记语；另外，在三种句法降级手段使用上均存在维吾尔语、汉语迁移，具体为疑问句、过去时和进行体。下文将予以详细描述。

表 4.6　　　　　三语组请求内部修饰语中维吾尔语、汉语迁移的表现

内部修饰语	维吾尔语组 %	汉语组 %	三语组 %	英语组 %	三语组—维吾尔语组		三语组—汉语组		迁移表现
					LL	p	LL	p	
降调语 ▲★	0	0	0.5	12.5	1.194	0.275	1.321	0.250	三 = /≈ 维；三 = /≈ 汉
礼貌标记语 ▲★	35.2	27.1	24.2	11.7	-3.996	0.046	-0.342	0.559	三 = /≈ 维；三 = /≈ 汉
疑问句 ▲★	7.0	2.8	1.4	20.3	-9.118	0.003*	-5.805	0.016	三＜维＜英；三 = /≈ 汉
过去时 ▲★	0	0	15.8	63.3	34.625	0.000*	38.308	0.000*	维＜三＜英；汉＜三＜英
进行体 ▲★	0	0	0.3	29.7	0.597	0.440	0.660	0.416	三 = /≈ 维；三 = /≈ 汉

注:　"▲"表示存在维吾尔语迁移; "★"表示存在汉语迁移。最右侧一栏中维、汉、三、英分别代表维吾尔语组、汉语组、三语组、英语组。

第一，在降调语方面，英语组使用一定数量的降调语（12.5%），维吾尔语组、汉语组均没有使用，三语组虽有使用，但频率极低，仅0.5%。对数似然率检验结果显示，三语组—维吾尔语组、三语组—汉语组在降调语使用上没有显著差异（LL=1.194，$p>0.01$；LL=1.321，$p>0.01$），表明同时受维吾尔语、汉语影响。

第二，在礼貌标记语方面，英语组使用频率最低（11.7%），维吾尔语组最高（35.2%），三语组、汉语组居中，两组使用频率相当（24.2%、27.1%）。对数似然率检验结果显示，三语组—维吾尔语组在礼貌标记语使用上没有显著差异（LL=-3.996，$p>0.01$），表明存在维吾尔语迁移；同样，三语组—汉语组在礼貌标记语使用上也没有显著差异（LL=-0.342，$p>0.01$），表明存在汉语迁移。

第三，在疑问句使用上，英语组频率最高（20.3%），维吾尔语组、

汉语组有少量使用,分列第二、三位(7.0%、2.8%),三语组最低(1.4%)。对数似然率检验结果显示,三语组—汉语组在疑问句使用上没有显著差异(LL=-5.805,$p > 0.01$),表明存在汉语迁移;三语组—维吾尔语组虽有显著差异(LL=-9.118,$p < 0.01$),但仍满足维吾尔语迁移的判定条件(三<维<英),表明也存在维吾尔语迁移。

第四,在过去时使用方面,英语组使用频率最高,高达63.3%;三语组过去时使用频率为15.8%,远低于英语组,而过去时在维吾尔语组、汉语中没有使用。从对数似然率检验结果可以看出,三语组—维吾尔语组、三语组—汉语组均存在显著差异(LL=34.625,$p < 0.01$;LL=38.308,$p < 0.01$),但仍分别符合维吾尔语迁移和汉语迁移的判定条件(维<三<英、汉<三<英),表明同时存在维吾尔语、汉语迁移。

第五,在进行体使用上,英语组倾向于使用进行体,使用频率最高(29.7%);三语组虽有使用,但频率非常低(0.3%),维吾尔语组、汉语组均没有使用进行体。对数似然率检验结果显示,三语组—维吾尔语组、三语组—汉语组在进行体使用上没有显著差异(LL=0.597,$p > 0.01$;LL=0.660,$p > 0.01$),表明同时受维吾尔语、汉语影响。

总体来看,三语组在降调语、礼貌标记语、疑问句、过去时、进行体等五种内部修饰语使用上既受维吾尔语影响,也受汉语影响,表现出复杂性。

二　质性数据分析结果

上一节报告了三语组请求内部修饰语中维吾尔语、汉语迁移的量化分析结果,显示在两种词汇降级手段(降调语和礼貌标记语)和三种句法降级手段(疑问句、过去时和进行体)存在迁移,本节将从上述内部修饰语具体内容方面分析维吾尔语、汉语影响。

（一）降调语

降调语是一种词汇降级手段，用于修饰整个句子或命题，是请求人用来降低或减缓其话语对被请求人施加影响的标记语。以英文为例，常见的降调语有"possibly"、"perhaps"、"just"、"simply"、"maybe"等。

上一节频数分析结果显示，降调语在维吾尔语组、汉语组没有出现，在三语组中出现频率也非常低（0.5%），仅出现2例，均为"just"。英语组中降调语使用频率最高（12.5%），共有16例，其中使用频数最高的是"just"，其他降调语如"possibly"、"by any chance"等亦有少量使用。以下是三语组、英语组降调语使用实例。

[三语组]

–I have already designed the questionnaire, you *just* help me find 20 local American undergraduates finish it.（S44-2）

–I will send you the test paper, you *just* help me let 20 people do it.

（S66-2）

[英语组]

–I am *just* wondering if you could give me the website address of the store you bought it from so I could have a look myself.（Y10-1）

–I was *just* wondering if you were able to give me some recommendations for additional learning materials.（Y13-3）

–I was *just* wondering whether I might be able to put you down as a referee as a job application.（Y32-4）

–Could you *possibly* help?（Y14-2）

–I am contacting you in hope that you could *possibly* support my job application.（E25-4）

–If at all possible, would you *by any chance* know about 20 Chinese students who might be willing to fill out the questionnaire?（Y30-2）

三语组降调语出现频率低或使用不足在一定程度上可能是受维吾尔语、汉语影响，但该推断仅基于量化结果，很难通过访谈获取证据。

虽然无法对三语组降调语使用中的维吾尔语、汉语影响实施访谈，但研究者针对三语组降调语学习及使用情况，设计了以下两组句子，并对6位三语组学生进行了访谈：

– Could you help me find 20 students to fill out the questionnaire?

– Could you *possibly* help me find 20 students to fill out the questionnaire?

– I was wondering whether you could recommend any textbooks/ learning materials that could help me with this subject?

– I was *just* wondering whether you could recommend any textbooks/ learning materials that could help me with this subject?

通过访谈得知，访谈对象学过降调语"possibly"、"just"等词，但对其缓和语气功能并不是十分了解（见访谈4.10）。

访谈4.10

研究者：这有两组句子，你觉得每组第一句话和第二句话有区别吗？

学生2：……就是第一句说的是，你能帮我找到20个学生来填这个问卷吗，然后第二个是，你要是有可能的话，你能帮我找20个学生填这个问卷吗？……就是第二个比较客气一点吧……怎么说呢，就是跟别人说话特别小心那种，怕别人就是说自己，就好像对他不礼貌那种…… 第二组也是，第二句话多了"just"，就让人感觉更礼貌一些……

研究者： 你学过"possibly"、"just"这样的词吗？

学生2： "possibly"、"just"这两个词是学过，但是那种表达方式我好像没有，没有学过。

研究者： 你说的表达方式指的是？

学生2： 就是把"possibly"、"just"放到一个句子当中，可以使它更加的礼貌，这个好像没有学过……自己也没有用过，但是能看懂。（X2/20-21）

其他几位访谈对象也表达了类似观点，虽然学过"possibly"、"just"等词，但对其缓和语气这种用法并不了解，因此在英语表达时很少使用这些降调语。可见，三语组降调语使用频率远低于英语组除了可能受维吾尔语、汉语影响外，还可能与教学有一定的关系。

（二）礼貌标记语

根据上一节的量化数据分析结果，除降调语外，存在维吾尔语、汉语迁移的另一词汇降级手段是礼貌标记语。总体来看，礼貌标记语在所有组中使用均相对较为频繁。但比较而言，英语组礼貌标记语使用频率最低（11.7%），维吾尔语组最高（35.2%），三语组、汉语组居中，两组使用频率相当（24.2%、27.1%）。

从具体内容看，英语组使用的 15 例礼貌标记语全部为"please"。以下实例选自英语组语料：

［英语组］

–Could you give me the website that you got it from *please*?（Y14-1）

–Could you *please* find 20 students to fill in this questionnaire?

（Y18-2）

–Could you recommend some additional learning materials *please*?

（Y14-3）

–..., but I would very much appreciate if you found 10 minutes to
write me a reference *please*.　　　　（Y12-4）

同英语组相比，汉语组更倾向于使用礼貌标记语。汉语中常见的礼貌标记语有"请"、"麻烦"、"拜托"、"劳驾"、"烦请"等（Su, 2010；冉永平，2012；王晓彤，2012）。这些礼貌标记语具有人际交往中的语用缓和用意，而仅非表示说话人的礼貌（冉永平，2012）。从本研究中的汉语组语料来看，"请"使用频率最高，且常与另一礼貌形式"帮（忙）"一起使用。同样，另一礼貌标记语"麻烦"亦频繁出现。此外，"拜托"也有少量出现。下面是汉语组礼貌标记语使用实例：

［汉语组］

–*麻烦*告诉我一下儿卖家的网址。（H27-1）

–可以*麻烦*老师给我发一些写作方面的辅导材料吗？　　（H18-3）

–我想*请*你帮忙在你们那里找 20 位英国本地大学生填写问卷，
好吗？（H7-2）

–我想*请*您帮我写一封推荐信。（H23-4）

–我想*拜托*你找 20 位同学帮我填一下问卷。（H21-2）

同样，维吾尔语组礼貌标记语使用频率较高，汉语组中常用的礼貌标记语在维吾尔语组中也频繁出现，如"请"（قلسسگىز）、"请

+帮忙"（قىلسىڭىز ياردەم）等。另外，值得注意的是，维吾尔语组调查对象频繁使用另一礼貌标记语——"别嫌麻烦"（خاپا بولماي،ئېغىركۆرمەي），且"别嫌麻烦"常与"请"组合出现。维吾尔语组礼貌标记语使用实例如下：

［维吾尔语组］

خاپا بولماي تور ئادرىسسىنى يوللاپ بەرگەن بولسىڭىز

　给一下　　发　地址　网络 *别嫌麻烦*　　（W21-1）

شۇڭا سىز ئېغىر كورمەي ماڭا تەۋسىيە خېتىنى يېزىپ بەرگەن بولسىڭىز

　　一下　 给　写 推荐信　我 *别嫌麻烦*　你 所以（W2-4）

خاپا بولماي شۇ تور ئادرىسسىنى ماڭا يوللاپ بەرگەن بولسىڭىز

　一下　 给　发　我　地址　网络 那个 *别嫌麻烦*　　（W13-1）

以上介绍了英语组、汉语组、维吾尔语组礼貌标记语的使用情况，下面将对三语组礼貌标记语使用情况进行具体分析。三语组礼貌标记语使用频率为 24.2%，是英语组的 2 倍。与其他组情况类似，三语组语料中使用频率最高的礼貌标记语为"please"。请看下面的实例：

［三语组］

–If you remember the website, will you *please* send me the website?

（S47-1）

–Could you *please* tell me the detailed address？ （S50-1）

–If you have any spare time, could you *please* write a reference letter?

（S54-4）

–*Please* tell me the website. （S24-1）

–If there is any chance to tell me the website, *please* answer this email.　（S30-1）

–*Please* recommend me some video or video suitable for me.

（S72-3）

三语组中"please"使用频率远高于英语组，其过度使用可能是英语教学以及维吾尔语、汉语迁移共同作用的结果。"please"在英语教材中频繁出现，在二语课堂中是一个重要的礼貌标记语。正因如此，学习者对"please"的用法过度概括化，认为在任何情况均可以使用"please"来表达礼貌。有一位三语组调查对象在其完成的四封电子邮件中无一例外地使用了"please"。

［三语组］

–*Please* if you have time, help me transmit the wet name. （S85-1）

–… I hope you help me *please*. （S85-2）

–..., so *please* help me introduce some voice band and video that can help me improve my English. （S85-3）

–..., so *please* help me, the reference letter is very important for me.

（S85-4）

有位访谈对象在被问到为什么多次使用"please"一词时，做了如下解释：

访谈 4.11

学生 4：当时我写的时候，就是感觉每个情境都不一样嘛，请求的都是不同的人嘛。如果请求的都是同一个人的话，就会用的少一点……每个情境用"please"，我就感觉特别礼貌，而且他更能给我帮助嘛，帮助我的可能性更大……我看一些美国电影嘛，他们遇到特别困难的时候，就是特别需要帮助的时候，就用"please"这种方式……加上"please"之后，就觉得更好一些，更礼貌。（X4/9）

虽然各组都频繁使用礼貌标记语"please"，但在"please"具体使用上，三语组表现与英语组不同，而与汉语组、维吾尔语组更为相似。具体而言，在英语组语料中，"please"基本都出现在"Could you please...?"这一疑问结构中，而"please"在三语组使用情况则有所不同，三语组调查对象除了在"Could you please...?"及"Will you please...?"这样的疑问结构中使用礼貌标记语"please"外，更多是在祈使句中使用"please"，正因为如此，"please + 祈使句"这一结构在三语组语料中使用频率非常高。这与汉语组、维吾尔语组情况较为类似，在汉语中，"请"做礼貌标记语时，通常出现在"请 + 祈使句（+ 附加句疑问句或降调语）"结构中，维吾尔语中亦是如此。而"please + 祈使句"这种结构在英语组语料中却没有出现。可见，汉语、维吾尔语中的"请"与英语中"please"有所不同，但三语组倾向于将汉语、维吾尔语中"请"用法迁移至英语中。三语组语料中"please"的使用情况提供了汉语、维吾尔语迁移的部分证据，即三语组调查对象倾向用"please"来代替"请"。例如：

［三语组］

–*Please* help me send the website address.（S65-1）

–*Please* find 20 local American college students to fill it and send it to my E-mail.（S29-2）

–*Please* help me find 20 American university students to complete the questionnaire.（S49-2）

–*Please* you help me send some TV about English speech.（S31-3）

–*Please* recommend me some video or audio suitable for me.（S72-3）

–..., so *please* help me introduce some videos that can help me improve my English.（S86-3）

–*Please* write a reference letter if it is convenient.（S81-4）

–So *please* help me to write a letter of recommendation.（S83-4）

［汉语组］

– 方便的话，*请把卖家的网址发给我*。（H8-1）

– *请告诉我卖家的网址*。（H32-1）

– *请帮忙找 20 位英国本地大学生填写问卷*。（H32-2）

– *请帮忙推荐几本写作方面的辅导材料*。（H32-3）

［维吾尔语组］

ئىغىر ئالماي ماڭا تور ئادرسسنى ئەۋەتىپ بەرگەن بولسىڭىز

一下　给　发　　地址　网络 我 *别嫌麻烦*（W10-1）

سىزنىڭ ياردەم قىلىپ 30 ئۇيغۇر ئوقۇغۇچىنى تېپىپ تەكشۈرۈش سۇئال توشقۇزۇپ بېرىشگىزنى سورايمەن

请你 一下　　填　　问卷 调查 找到 学生 维吾尔 30 帮助 你

（W32-2）

另外，在三语组语料中，"please help"组合频繁出现，但该结构在英语组语料中则没有出现。与三语组情况类似，这一组合在维吾尔语组、汉语组中均大量出现。因此，在某种程度上，可以推断三语组"please help"的频繁使用与维吾尔语、汉语影响有一定关系。因三语组、维吾尔语组、汉语组"please help"使用的实例在上面的例句中已包含，故不再重复。

再次，值得注意的是，"please help"在三语组语料中出现主要集中在情境2和情境4，尤其是情境2中。除上面提到的维吾尔语、汉语影响因素外，另一个原因可能是与情境2中的中文情境描述使用的语言表述有一定的关系。情境2的表述为"……你用英文发邮件请Jeremy帮忙找20位美国本地大学生填写问卷"；情境4的表述为"……你知道他非常忙，但是他的推荐信对你来说非常重要，所以你还是决定发邮件请他帮忙"。在这两个情境的描述中，均用到了"请……帮忙"这一表述，三语组调查对象在用英文完成邮件时受英文水平所限，过于依赖情境描述中的汉语表述，仅将其翻译成英语，表明在完成邮件过程中可能是受汉语思维的影响。

以上主要介绍了三语组礼貌标记语"please"的使用情况。除"please"外，另一标记语"trouble"在三语组语料中也有一定数量的出现，约占三语组语料中礼貌标记语使用总频次的10%。例如：

[三语组]

–Please *trouble* you to tell me the website.（S80-1）

–I want to *trouble* you to recommend me a modest English speech or video.（S83-3）

与三语组情况不同，礼貌标记语"trouble"在英语组语料中并没有出现。而与"trouble"相对应的"麻烦"这一礼貌标记语在汉语组语料中却多处出现，约占该组礼貌标记语使用总频次的20%。具体实例见前文汉语组礼貌标记语部分，此处不再重复。可见，三语组"trouble"的使用可能是受汉语中的"麻烦"一词的影响。

维吾尔语组语料中"麻烦"一词没有出现，但"别嫌麻烦"这一表达却频繁出现，其使用频率约占维吾尔语组礼貌标记语使用总频次的60%，但该表达在三语组语料中并没有出现，可以看出三语组调查对象并没有将这一礼貌表达迁移至英语中。

（三）疑问句

在具体分析前，需再次对本研究中"疑问句"加以界定。这里的疑问句仅包括肯定句后面加问号或附加语这一类型，问号和附加语虽可有可无，但有明显缓和语气作用，因此可视为句法降级手段。常规的疑问句如"Can you do…?"不在讨论之列。

上一节量化数据分析结果显示，总体来看，英语组疑问句使用频率最高（20.3%），三语组使用频率最低（1.4%），维吾尔语组、汉语组虽有使用，但频率较低（分别为7.0%、2.8%）。

英语组疑问句使用最为频繁，该组语料中出现的疑问句均为肯定句后面加问号的形式，问号的使用能够降低、缓和言语行为所产生的指使力度。具体实例如下：

［英语组］

–I think your racket is excellent and I wondered where you purchased it?（Y24-1）

–… would like to ask if it would be possible to print 20 copies of the questionnaire and ask people on your course to fill them in for me?

（Y1-2）

–I've been working on some research and I was hoping you could help me out?（Y20-2）

–I was just wondering whether you could recommend any textbooks/learning materials that could help me with this subject?（Y6-3）

–I wanted to email you, as my course tutor for (module name) to ask

if you would be willing to act as one of my character referees on my
application? （Y29-4）

　　维吾尔语组、汉语组的疑问句使用情况与英语组有所不同。一方面，从使用频率看，维吾尔语组、汉语组疑问句使用频率明显低于英语组；另一方面，从疑问句形式看，英语组频繁使用的肯定句加问号的疑问句形式在维吾尔语组、汉语组中并没有出现，这两组使用的疑问句形式均为肯定句加附加疑问句，附加疑问句有缓和语气之功效，这与英语组有所不同。以下是维吾尔语组、汉语组疑问句实例：

　　［维吾尔语组］

ماڭا يوللاپ بەرسىڭىز بوپتىكەن

可以吗　一下　发　向我　（W27-1）

ئىنگىز كورمەي ئۆيگۈر مەكتەپداشلىرىگىزدىن 30 ئوقۇغۇچىنى تەكشۈرۇش سۆئالى توشقۇزۇپ بىرىشكە تەكلىپ قىلسپ

邀请　一下　填　问卷　调查　学生 30　你们学校的　维吾尔 别嫌麻烦

بەرسىڭىز بولارمۇ؟

可以吗? 给　（W30-2）

　　［汉语组］

— 麻烦你把网址告诉我，*好吗？*（H14-1）

— 我想请你帮忙在你们那里找 20 位英国本地大学生填写问卷，
好吗？（H7-2）

— 您方便介绍一些写作方面的材料给我，*好吗？*（H7-3）

　　在四个组中，三语组的疑问句使用频率最低，仅出现 5 例，以下实例选自三语组语料：

[三语组]

–I want you to help me find 20 local students to do the questionnaire, is it *OK?*（S62-2）

–So I'd like you to help me to recommend moderate English speech audio or video, *ok?*（S80-3）

三语组疑问句使用频率远低于英语组，上一节统计结果显示，三语组在疑问句使用频数和频率上受维吾尔语、汉语影响。另外，三语组在疑问句形式上也受到维吾尔语和汉语影响，具体表现在：三语组中出现的 5 例疑问句为肯定句加附加疑问句形式，该形式在维吾尔语组、汉语组也有出现。而英语组频繁使用的"肯定句加问号"这一疑问句形式在三语组中则并未被使用。

三语组疑问句使用与英语组表存在差异可部分归因于维吾尔语、汉语的影响。此外，还与三语组调查对象的英语教学有一定关系。研究者在访谈中针对疑问句设计了一个问题，请访谈对象判断两个句子的区别：

–I'm currently applying for a part-time job during studies this semester and was wondering if you could write a reference for me.

–I'm currently applying for a part-time job during studies this semester and was wondering if you could write a reference for me?

以下是对其中一个访谈对象的访谈片段。

访谈 4.12

研究者：你觉得这两句话有什么区别吗？

学生 2： 这个［*指第一句*］是陈述句吧……这个［*指第二句*］是疑问句……
第二句话表达更客气一点……会更礼貌一点。

研究者： 那你是否了解在一个陈述句句尾加上问号这种用法？

学生 2： 这个我其实之前也没怎么接触过，自己也没用过。但是就刚
才那样，两个相同的句子里面有一个加上问号，就大概能看
出那个语气上有什么区别……我就说像刚才这样的句子，比
如用一个陈述句，我如果用句号的话，可能会感觉就是不是
特别的给地方余地那种，但是要用一个问号呢，可能就觉得
你可以拒绝我那种，这样就比较客气，给对方一个余地。

（X2/22-23）

上述观点在受访者中具有普遍性。所有访谈对象都认为第二句
即疑问句表达更为礼貌，但 6 名受访者中，除 1 位高水平者表示对
此用法略有了解外，其他 5 位均表示没学过或不知道该用法。可见，
三语组调查对象对英语中常用的肯定句后加问号以缓和语气的用法
并不了解，三语组语料中这一句法降级手段出现频率低与此有一定
的关联性。

（四）过去时

在英语中，说话人用过去时表示说话时刻的真实愿望与想法，
以表示礼貌或者使话语变得委婉，减少强加于人的感觉（刘正光、
曹志希，2007）。在过去时使用方面，英语组在四个组中使用频率最高，
达到 63.3%；过去时在三语组中虽有一定数量使用，但使用频率远低
于英语组，仅为 15.8%，不及英语组的四分之一。而过去时在维吾尔
语组、汉语组语料中则没有出现。

过去时是英语组调查对象最为常用的句法降级手段。英语组语
料中使用频率最高的过去时为"could"和"was wondering"。此外，
"would"、"wondered"也有一定程度使用。以下是英语组语料中

过去时使用实例：

［英语组］

–... I *was wondering* where you got yours from to see if they have anything I would like.（Y9-1）

– I just *wanted* to ask if I *could* have the address of the website you purchased yours from.（Y22-1）

–... I *wondered* whether you *might* be able to help me by asking 20 Chinese students to fill out my questionnaire?（Y21-2）

–I was just *wondering* if you *were* able to give me some recommendations for additional learning materials so I can study the area's more.

（Y13-3）

　　三语组中过去时的使用除使用频率远低于英语组外，在使用具体形式上也与英语组有所不同。英语组语料中频繁出现的"I was wondering"在三语组中没有出现，三语组中使用频率最高的过去时形式是"could"，占整个三语组过去时使用总频次的近90%，除"could"外，"would"亦有少量使用。以下过去时选自三语组语料：

［三语组］

–*Could* you send that website's address to me?（S42-1）

–*Could* you find about 20 American local students for my investigation?（S12-2）

–*Would* you recommend some English lecture video which fit me?

（S18-3）

过去时在三语组语料中出现频率低可能是受到维吾尔语、汉语的影响。英语中用过去时表达当前的请求行为，以缓和语气，而在维吾尔语和汉语中没有对等结构。具体而言，英语等印欧语系的语言通过谓语动词本身的形态变化来表现时态，而汉语则通过附加语言成分（如与时间相关的助词、副词等）来表现时态（龚千炎，1994；赵娅，1999)。另一语言维吾尔语在"时"的语法意义上与英语有一定相似性，都是通过动词的形态变化来实现的（古米拉·阿布都热合曼，2012）。在维吾尔语中，用词缀"-Di-"来标记动词过去时（卡依沙尔·艾合买提，2010）。但不同的是，维吾尔语中并没有用过去时代替现在时以减缓其话语对被请求人施加影响这一用法。

此外，本研究为了解三语组对英语过去时这一句法降级手段的学习和掌握情况，对 6 名学生进行了访谈。研究人员在英语组语料基础上设计了以下两组句子，请访谈对象进行判断：

—A. *Could* you please find people to fill it ［指调查问卷］ in for me?

—B. *Can* you please find people to fill it in for me?

—A. I'm conducting some research on student views about entrepreneurship in different countries and I *wondered* whether you might be able to help me by asking 20 Chinese students to fill out my questionnaire?

—B. ... and I wonder whether you *might* be able to help me by asking 20 Chinese students to fill out my questionnaire?

—C. ... and I *was wondering* whether you *might* be able to help me by asking 20 Chinese students to fill out my questionnaire?

通过访谈发现，访谈对象对过去时表示委婉这一用法的掌握情况与其英语水平有一定关系。低水平访谈对象不清楚同一句话用过去时和现在时在语气有何区别；中、高水平组意识到过去时和现在时存在区别，对"could"用法有所了解，但对"I was wondering"、"wondered"等过去时表礼貌的用法则并不了解。

另外，从三语组整体语料来看，调查对象在区别使用情态动词标记形式（could, would）和情态动词无标记形式（can, will）做不同请求时存在困难，相反，他们似乎随意使用这两种形式。但是，访谈时却发现受访者对两者区别有一定意识，这反映出他们即便有这方面知识，但在产出时缺少对这些语用语言形式的控制。三语组语料中没有出现"I was wondering"、"I wondered"等形式，这可能与调查对象对过去时表礼貌这一用法并不了解有一定关系，这一点在访谈中也得到了验证。

访谈 4.13

研究者：这有两组句子，能看出区别吗？

学生 2：这组一个用了"can"的过去时，一个用了"can"。这组也是啊，就这个地方它多了一个"ed"，这个地方没有"ed"，它用的是过去时。

研究者：这里用"wondered"表示的是过去吗？

学生 2：我觉得应该不是，它的意思不像表达过去，这个也没什么过不过去的，就是他想知道能不能什么之类的。

研究者：你觉得用"wondered"与"wonder"有什么不同吗？

学生 2：用"wondered"跟"wonder"都对的，但是就是怎么说呢，"wondered"就是好像又是在语气上跟说"wonder"有点不一样吧。

研究者：有什么不一样呢？

学生 2: "wondered"更客气、更礼貌一些。我觉得加那个"-ed"表达过去，然后它会更委婉一点，表达就是我之前想过，现在也在想，他现在说出来这个话，可是他是之前想过，就是表达这个请求的重要性，所以它就是更委婉点吧……就是更礼貌……刚才那个"could you please"跟"can you please"那个也有点区别，就是"could you please"比较更加客气一点……。

研究者: 那你学过这样的用法吗？

学生 2: 在"could"跟"can"那个学过。"wondered"和"wonder"……高中的时候学过"wonder"，但是用"wondered"表示更加礼貌这样的用法好像没有那种语气上有区别。

（X2/25-26）

（五）进行体

上一节统计结果表明，存在维吾尔语、汉语迁移的另一句法降级手段是进行体。在四组调查对象中，英语组的进行体使用频率最高（29.7%），三语组语料中进行体的出现频率非常低（0.3%），而维吾尔语组、汉语组中均没有使用进行体。

具体而言，英语组调查对象倾向于使用进行体以减缓语气。英语组语料中进行体共出现 38 例，除 2 例使用"I was hoping"外，其余 36 例均使用"I was/am wondering"这一进行体形式，其中"I was wondering"的出现频率要远高于"I am wondering"。"I was wondering"出现 33 例，而"I am wondering"仅出现 3 例，且都出现在情境 1 和情境 2 中。

需要说明的是，"I was wondering"和"I was hoping"既是进行体，又是过去时，可见过去时通常与进行体同时出现，在后文将对此现象进行详细阐述。以下是英语组进行体使用实例：

［英语组］

–I'm currently applying for a part-time job during studies this semester and was *wondering* if you could write a reference for me?（Y6-4）

–I *was wondering* if you could recommend any additional learning materials I can use.（Y10-3）

–I've been working on some research and I was *hoping* you could help me out?（Y20-2）

–I *am wondering* if you could send me the link to where you bought it.（Y32-1）

相比英语组，进行体在三语组的使用频数极低，仅有 1 例。具体如下：

［三语组］

–I majored in American culture this semester and *wondering* if you could be so kind to tell me the good website you told me.（S55-1）

三语组中进行体出现频率低的部分原因可归为维吾尔语、汉语的影响。英语中，动词进行体在表示请求的句式中常带有委婉礼貌的功能（袁晓宁，2006）。而汉语、维吾尔语则不同，不仅表现在进行体标记的呈现方式，还表现在其功能上。汉语中通过"在"、"正"、"着"、"呢"等词或它们的组合使用来表示动作行为的进行或持续（冯静，2013）；现代维吾尔语中，进行体标记为"-wat-"（卡依沙尔·艾合买提，2010）。但无论是汉语进行体还是维吾尔语进行体通常不具有使语气更加委婉、礼貌的功能。

汉语、维吾尔语进行体委婉礼貌功能的缺失在一定程度上影响了三语组进行体使用不足。为调查三语组对英语进行体表委婉礼貌功能的学习和掌握情况，研究者在参照英语组语料基础上设计了以下句子，请访谈对象进行判断：

—A. I'm currently applying for a part-time job during studies this semester and *was wondering* if you could write a reference for me?

—B. I'm currently applying for a part-time job during studies this semester and *wonder* if you could write a reference for me?

—C. I'm currently applying for a part-time job during studies this semester and (*I am*) *wondering* if you could write a reference for me?

访谈结果显示，在6位受访者中，有3位表示不清楚进行体与非进行体在语气上的区别，对英语进行体表委婉这一语用功能并不了解。有2位虽然能基本判断出进行体表达语气更委婉，但不是非常肯定，并且"想不起来"是否学过或接触过这种委婉表达。仅1位访谈对象能明确判断进行体与非进行体的区别，但在其邮件中却并没有使用进行体这一委婉表达形式。以下是访谈片段：

访谈 4.14

研究者：你觉得这三句话有什么不同吗？

学生3：这两句［指A和C］用的"wondering"，就是进行时嘛，表达的那个时间会长一些，就是他一直在，一直在就是想……

研究者：在语气方面呢？

学生3：语气……还是"wondering"更委婉一点儿，是不是啊？

研究者：嗯,更委婉一些……之前学过"-ing"使语气更委婉这种用法吗？

学生3：记不得了……可能老师讲过吧，就是咱们也……真的是忘了啊。

（X3/37-38）

访谈 4.15

……

学生 5： 还是第一个更礼貌一点。

研究者： 见过 "I am wondering"、"I was wondering" 这样的表达吗？

学生 5： 听过……对，更礼貌一点……电影里面常出现。他们感觉好像用 "wonder" 不那么频繁，用的不多……，"I was wondering"、"I am wondering" 他们的确这样用，而且的确比较礼貌……对，还有前面那个 "I wondered"、"wondered" 我想起来了……直接说 I wonder 还是命令语气比较高了一点。

研究者： 咱们通过看电影了解到这种用法，在学校学过吗？

学生 5： 印象没那么深刻了……应该没有……嗯？不对，好像学过。对，学过有一句话我记得就是，就是用 "I am considering" 的时候，用过，就是用进行时表达，跟那个比用一般时表达的话，就会更，就会从语气上有所不同嘛，记得……

研究者： 为什么没有想到在写邮件的时候用上 "I was wondering"、"I am wondering" 这样的表达？

学生 5： 还是用的机会少吧……让我比较我能看出来区别，但写的时候还有说的时候，还是想不起来用，主要是用的少，用的多应该就好了……（X5/20-21）

英语进行体因为结构复杂，所以学习者对其习得相对较晚（杨仙菊，2006）。从访谈可以看出，三语组对英语进行体作为缓和语这一语用功能并不了解，或即便了解，但仍不能做到"学以致用"，这也是该组进行体使用频率过低的原因之一。

另外，需要说明的是，在英语组语料中频繁出现的 "I was wondering" 既是进行体又是过去时，是这两种句法降级手段的"混合体"，是非常委婉的一种表达方式。袁晓宁（2002，2006）根据婉转礼貌程度，对"wonder"各种形式排序依次如下：

A. I was wondering if you could help me.（礼貌程度最高）

B. I am wondering if you can help me.

C. I wondered if you could help me.

D. I wonder if you can help me.（委婉礼貌程度最低）

从以上排序看，动词进行体在委婉程度上较动词过去时更高。当进行体与过去时在同一句式中出现时，如 A 中用"I was wondering"，该句式委婉程度最高，因为它们的礼貌委婉功能叠加在同一个句式中。

以上对英语中最常用的两种句法降级手段—进行体、过去时进行了分析，两者不仅常在同一句式中出现（如"I was wondering"），而且在分布上还有一定的共性。这两种句法降级手段在英语组中频繁出现，但在三语组中却使用不足，原因之一在于汉语、维吾尔语中没有对应的形式及或虽有对应形式，但不具有缓和请求强加度的功能。由于三语组调查对象在汉语和维吾尔语中没有用其缓和请求言外之力的经历，所以这可能影响他们在用英语做请求时对过去时和进行体的选择。

第三节　请求外部修饰语中维吾尔语、汉语迁移

本章第一节、第二节分别对三语组学生英语请求策略形式和请求内部修饰语中的维吾尔语、汉语迁移情况进行了分析，本节将关

注三语组学生请求外部修饰语中的维吾尔语、汉语迁移。

外部修饰语同请求策略形式、内部修饰语一样，也是请求言语行为的重要组成部分。外部修饰语，又称辅助行为语，位于中心行为语之前或之后，可减轻或加重请求之语力。

下文将从量化结果和质性结果两个方面对请求外部修饰语中维吾尔语、汉语迁移情况进行报告与分析。

一　量化数据分析结果

对请求外部修饰语使用频数和频率的统计同样采用前两节中请求策略形式、请求内部修饰语的统计方法，即：首先，依据第三章第四节的语料标注方案，对四组研究对象的电子邮件写作任务（共四个写作任务）进行标注；随后，以组为单位统计出该组研究对象某一种请求外部修饰语使用的总频数（n），然后再用总频数除以该组邮件写作任务总数（即人数 *4，4 代表 4 个写作任务），从而获得频数的百分比，即频率。各组请求外部修饰语具体使用情况见表 4.7：

表 4.7　　　　　　　　　　各组请求外部修饰语使用情况

外部修饰语	维吾尔语组 (128)		汉语组 (144)		三语组 (368)		英语组 (128)	
	n	%	n	%	n	%	n	%
a. 寒暄语	44	34.3	65	45.1	223	60.1	24	18.6
b. 自我介绍	17	13.3	74	51.4	159	43.2	6	4.7
c. 准备语 / 预先提请语	21	16.4	44	30.6	78	21.2	16	12.5
d. 原因语	124	96.9	136	94.4	345	93.8	120	93.8
e. 松绑语	10	7.8	14	9.7	55	14.9	10	7.8
f. 强加度降低语	0	0	10	6.9	15	4.1	12	9.4
g. 道歉语	3	2.3	25	17.4	52	14.1	7	5.5
h. 赞扬语	1	0.8	26	18.1	58	15.8	5	3.1

续表

i. 致谢语	54	42.2	100	69.4	197	53.5	92	71.9
j. 要求／期望回复	3	2.3	8	5.6	69	18.8	6	4.7
k. 祝福语	3	2.3	10	6.9	39	11.1	4	3.1
l. 再次请求语	14	10.9	25	17.4	77	20.9	14	10.9
m. 强调语	5	3.9	15	10.4	78	21.2	15	11.7

注："回报承诺语"在每组的出现频数均小于 5 例，因出现频数过低，所以未被列出。

表 4.7 中呈现了请求外部修饰语使用频数和频率，该数据将被用作后续判定是否具备迁移发生前提条件以及确定是否发生迁移的基础。下一步将基于表 4.7 中的数据，使用 LLX2 工具对三语组—英语组、维吾尔语组—英语组、汉语组—英语组分别进行对数似然率检验（LL 检验），依据检验结果判定是否具备发生维吾尔语、汉语迁移的前提条件。有关维吾尔语、汉语发生的前提条件在第三章第四节中已做介绍，具体如下：维吾尔语发生迁移的前提条件（三语组—英语组有显著差异 & 维吾尔语组—英语组有显著差异）；汉语发生迁移的前提条件（三语组—英语组有显著差异 & 汉语组—英语组有显著差异）。组间外部修饰语对数似然率检验结果见表 4.8：

表 4.8　　　　　　　　组间请求外部修饰语频数对数似然率检验

外部修饰语	三语组—英语组		维吾尔语组—英语组		汉语组—英语组	
	LL	p 值	LL	p 值	LL	p 值
a. 寒暄语 ☆	40.653	0.000*	5.970	0.015	15.099	0.000*
b. 自我介绍 ☆	59.626	0.000*	5.482	0.019	60.550	0.000*
c. 准备语／预先提请语	4.140	0.042	0.678	0.410	10.498	0.001*
d. 原因语	0.000	1.000	0.066	0.798	0.003	0.953
e. 松绑语	4.113	0.043	0.000	1.000	0.282	0.595
f. 强加度降低语	-4.368	0.037	-16.636	0.000*	-0.494	0.482

续表

g. 道歉语 ☆	7.030	0.008*	-1.646	0.200	8.732	0.003*
h. 赞扬语 ☆	13.241	0.000*	-2.911	0.088	13.217	0.000*
i. 致谢语	-5.239	0.022	-10.005	0.002*	-0.057	0.812
j. 要求/期望回复	15.631	0.000*	-1.019	0.313	0.099	0.752
k. 祝福语	7.504	0.006*	-0.143	0.705	1.998	0.157
l. 再次请求语	5.758	0.016	0.000	1.000	1.985	0.159
m. 强调语	5.026	0.025	-5.232	0.022	-0.104	0.747

注： 表中"LL"代表对数似然值；"*"表示对数似然值检验结果差异显著（$p<0.01$）；
"△"表示具备维吾尔语迁移条件；"☆"表示具备汉语迁移条件。

表4.8中对数似然率统计结果显示，三语组—英语组、汉语组—英语组均具有显著差异（$p<0.01$）的外部修饰语有四种，分别为：寒暄语、自我介绍、道歉语和赞扬语，表明具备汉语迁移的前提条件（用"☆"表示）；另外，未发现三语组—英语组、维吾尔语组—英语组均具有显著差异（$p<0.01$）的外部修饰语，表明所有外部修饰语都不具备维吾尔语迁移的前提条件。

表4.8统计结果显示有四种外部修饰语具备汉语迁移前提条件。在明确具备汉语迁移的前提条件后，还需满足一定条件，才能最终判定是否存在汉语迁移。具体而言，判定存在汉语迁移，需符合以下两种情形之一：其一，三语组—汉语组没有显著差异，即"三 = /≈ 维"；其二，三语组—汉语组有显著差异，但频率符合四种条件之一（汉 > 三 > 英、三 > 汉 > 英、汉 < 三 < 英、三 < 汉 < 英）。

具体操作方法如下：首先，在四种具备汉语迁移条件的外部修饰语（a, b, g, h）再次利用LLX2对三语组—汉语组进行对数似然率检验，以检验组间是否有显著性差异；然后，依据上段中所介绍的标准，最终判定是否存在汉语迁移，判定结果见表4.9。

表4.9　　　　　　　三语组请求外部修饰语中维吾尔语、汉语迁移的表现

外部修饰语	维吾尔语组 %	汉语组 %	三语组 %	英语组 %	三语组—维吾尔语组		三语组—汉语组		迁移表现
					LL	p值	LL	p值	
寒暄语★	34.3	45.1	60.1	18.6	—	—	-4.598	0.032	三＝/≈汉
自我介绍★	13.3	51.4	43.2	4.7	—	—	-1.486	0.223	三＝/≈汉
道歉语★	2.3	17.4	14.4	5.5	—	—	-0.698	0.404	三＝/≈汉
赞扬语★	0.8	18.1	15.8	3.1	—	—	-0.326	0.568	三＝/≈汉

注："▲"表示存在维吾尔语迁移；"★"表示存在汉语迁移；最右侧一栏中三、汉分别代表三语组、汉语组。

如表4.9所示，三语组在四种外部修饰语的使用上存在汉语迁移，分别是：寒暄语、自我介绍、道歉语和赞扬语。以下将做详细阐述。

首先，在寒暄语方面，英语组使用频率最低（18.6%），三语组使用频率最高（60.1%），汉语组、维吾尔语组居中，使用频率分别为45.1%、34.3%。对数似然率检验结果显示，三语组—汉语组在寒暄语使用上没有显著差异（LL=-4.598，$p>0.01$），依据前文中汉语迁移发生的前提条件及最终判定标准，表明三语组在寒暄语使用上受汉语影响。

其次，在自我介绍语方面，英语组使用频率最低（4.7%），维吾尔语组自我介绍语使用频率虽高于英语组，但仍属于偏低水平（13.3%）；汉语组、三语组的自我介绍语使用频率则远高于英语组和维吾尔语组，达到51.4%、43.2%。对数似然率检验结果显示，三语组—汉语组在自我介绍语使用上没有显著差异（LL=-1.486，$p>0.01$），依据汉语迁移发生的前提条件及最终判定标准，三语组在自我介绍语使用方面受汉语影响。

再次，从道歉语使用情况看，英语组、维吾尔语组使用频率低，分别为5.5%、2.3%，汉语组使用频率最高（17.4%），三语组略低

于汉语组，列第二位（14.4%）。对数似然率检验结果显示，三语组—汉语组在道歉语使用上没有显著差异（LL=-0.698，$p>0.01$），依据前文中汉语迁移发生的前提条件及最终判定标准，表明三语组在道歉语使用上受汉语影响。

最后，赞扬语使用情况与道歉语使用情况相似。英语组、维吾尔语组赞扬语使用频率低，分别为 3.1%、0.8%。汉语组使用频率最高（18.1%），三语组使用频率略低于汉语组（15.8%），但远高于英语组，是英语组赞扬语使用频率的 5 倍。表 4.9 中的对数似然检验结果显示，三语组—汉语组在赞扬语使用上没有显著差异（LL=-0.698，$p>0.01$），同样依据前文中汉语迁移发生的前提条件及最终判定标准，表明三语组在赞扬语使用上受汉语影响。

二　质性数据分析结果

上一节报告了三语组请求外部修饰语中维吾尔语、汉语迁移的量化分析结果，结果显示三语组请求外部修饰语主要受汉语影响，体现在寒暄语、自我介绍、道歉语和赞扬语四个方面。本节中，将基于上一节的量化分析结果，从上述四种外部修饰语具体内容方面分析汉语影响。

（一）寒暄语

寒暄语是一种请求外部修饰语，主要目的在于建立与维护交际双方的社交关系或社会关系，而不是向对方提供具体的交际内容（冉永平，2002）。

从寒暄语在各组的使用情况看，寒暄语在英语组使用频率最低（18.6%），在三语组的使用频率最高（60.1%）；另外，寒暄语在汉语组、维吾尔语组两组中也有较高的出现频率，分别为 45.1%、34.3%。依据上一节的频次分析结果，三语组在寒暄语使用方面主要受汉语影响。

在寒暄语使用上，三语组与英语组有显著差异，这种差异不仅表现在使用频率上，还表现在使用情境分布及具体内容上。首先，从使用频率上看，三语组语料中寒暄语使用频率远高于英语组，是英语组 3 倍。其次，从使用的具体情境来看，英语组寒暄语主要出现在权势对等的两个情境中（情境 1、情境 2），而在权势不对等的两个情境中（情境 3、情境 4）出现频率非常低。而三语组则不同，三语组语料中寒暄语在四个情境中使用均较为频繁；再次，从具体内容看，英语组语料中的寒暄语为常规性问候语，且较为简短，而三语组寒暄语相对较长，倾向包括更多的寒暄语分类，具体而言，在情境 1、情境 2 中，三语组除正常的问候语外，还通常包括：对很久未与对方联系表示歉意，怀念过去一起打球、练太极的美好时光等；在情境 3、情境 4 中亦是如此，三语组使用的寒暄语除常规问候语外，还包括：感谢老师精彩授课，表示喜欢这门课，收获很大，也有调查对象选择问候外教在中国的工作、生活情况等。以下是英语组、三语组寒暄语使用实例：

［英语组］

– How are you? Hope you are well and not to stressed with work and everything!（Y23-1）

– How is your time in China going?（Y2-2）

– Hi Linda. How is life treating you in China? It's been a while since we have spoke and I hope every thing is still going well. （Y7-2）

［三语组］

– ... Last term we are in English club talking. Do you remember that? I am so sorry this term I am very busy, so I no time with you contact.（S4-1）

- How are you getting now? I am getting very well and I do hope you so. Do you remember that we played Tai Chi together last term. We spent nice days together at that time and I will remember it forever.

（S29-2）

- How do you do? Do you enjoy your time staying in China? Do you like our school? I really like your English speech class. I think your class makes me interested in English speech.　　（S39-3）

- How are you? It's me...your student Lucy. I am very interested in your class and I learnt much from your class.　　（S14-4）

- How are you? Firstly, I am grateful for your carefulness that teach us the major class. All of us like your teaching, especially me.（S43-4）

- I hope everything is OK. I am very glad that you have come to our school and became guest professor teaching me professional course. I very appreciate your teaching ability.　　（S10-4）

从以上例子可以看出，三语组和英语组在寒暄语具体内容上表现出不同的倾向性。相对于英语组中寒暄语的使用，三语组中的寒暄语更长且包含内容更多，这在某种程度上与汉语影响可能有一定的关系。从汉语组寒暄语具体内容看，与三语组有一定相似性。以下是汉语组寒暄语使用实例：

［汉语组］

- 上学期和你一起打乒乓球的时光历历在目。真的好怀念与你一块打球的日子。这么久没联系了，你还好吗？（H12-1）

—最近还好吗？我们有好长一段时间没见面了。这么突然找你，
我都有点不好意思了。其实找你是为了求你一件事儿。(H21-1)

—首先恭喜你能作为我院交换生在英国××大学深造。还记得
我们一起上公选课有缘结识并相处的那一段时光，很开心，很
高兴！（H29-2）

—感谢您在百忙之中抽出时间看这封邮件。我是您的学生
×××……对于您的课我非常喜欢，希望还能有幸再次听到您
的专业课。（H12-4）

—……很喜欢听你讲英语课……感谢您一直以来对我的帮助！

（H14-3）

汉语中频繁使用寒暄语以及常用的寒暄语方式对三语组寒暄
语的使用产生了一定影响。有的三语组调查对象在用英语完成邮
件时，直接将汉语中的寒暄语表达翻译成英语。以下是对受访者
的访谈片段。

访谈 4.16

研究者： 在情境 2 中，你写到："I miss you so much Jeremy. How are
you? Although you have returned home but I very miss the day in
China we learn Taichi which so beautiful and happy moment."
能不能回忆一下你为什么要这样写？

学生 3： ……那个时候，我写的时候，我写 Jeremy，我想你了，因为
咱们汉语的时候也经常用，Jeremy，我想你了，虽然你已经离
开了，已经在家了，可是我想念你在，就是你在中国的那些
日子跟我一起学 Taichi，然后那些日子好美好啊。我就想表达
这个，然后我就翻译了。

研究者： 翻译的？

学生3：嗯，翻译过去的……因为汉语经常这么说。

研究者：那为什么不直接做请求，而是要加上这样的句子？

学生3：那个时候我就想那个什么，首先想让他就是，因为我要请求他帮我嘛，……因为我跟他说，我在想你在中国跟我一起学的 Taichi，然后那些日子很快乐，我这样讲的话，人家也会觉得很温馨，而且就会觉得，这个朋友就是想我了，就是他真的是把我当朋友，然后我再说请求，估计他能答应我吧，答应帮我了……（X/39-40）

（二）自我介绍

上一小节的频数／频率统计结果显示，自我介绍在英语组中使用频率最低（4.7%），在汉语组使用频率最高（51.4%）；三语组自我介绍使用频率为 43.2%，略低于汉语组，但远高于英语组，三语组在寒暄语使用方面主要受汉语影响。

从自我介绍语在各情境中的分布情况和具体内容看，三语组调查对象更倾向于在相对权势不对等的两个情境（情境3、情境4）中使用自我介绍语。在这两个情境中，被请求人均为老师，相对权势较高。三语组语料显示，请求人在邮件开头通常先做自我介绍，包括介绍自己的姓名以及背景信息（如选修了老师的这门课程以及课上表现等）。在这一点上，汉语组与三语组表现出相似性。以下是三语组、汉语组自我介绍语使用实例：

［三语组］

–I'm islamgvl, your student in English Speech class.（S25-3）

–Do you remember me? You give me the Physiology class this semester and I'm the Uyghur guy in your class. I believe that you can remember me now.（S44-4）

［汉语组］

－我是您所教授××专业的×××同学。（H22-4）

－我是您英语课上的一名学生，我叫×××，很喜欢英语这门
课程。（H27-3）

英语组、维吾尔语组自我介绍语使用情况与三语组、汉语组有
所不同。一方面，英语组、维吾尔语组倾向于在邮件开头用简短的
问候语来代替自我介绍，因此这两组中自我介绍语的使用频率远低
于三语组、汉语组；另一方面，英语组、维吾尔语组的自我介绍语
在各情境中分布较为平均，而非倾向于分布在相对权势不对等的情
境3和情境4中。可见，三语组在一定程度上受汉语影响。

在被问到为何使用自我介绍语时，受访者做了如下陈述：

访谈 4.17

学生6：……这个当时也没想太多，就是这样写挺自然的……让教授
帮写推荐信，这是个挺重要的事情。那你给人家写信，就应
该先介绍一下自己是谁，然后再说你想要做什么，这也是一
种礼貌嘛。直接就说让教授给你写推荐信，这样太直接了呀，
还是应该先说点别的什么吧，这样比较好……再说，就是这
个教授是外国的嘛，他也不一定肯定认识你啊，这样先介绍
自己是谁的话，说你是中国的某个学生，那教授可能就能想
起来了啊……即使教授一定认识你，也是先介绍一下自己的
身份比较好，这样更有可能给你回复嘛。（X6/31）

从上面的访谈片段可以看出，三语组对象倾向使用自我介绍语，
一方面出于礼貌，以示对被请求人的尊敬；另一方面，通过自我介绍，
尤其是介绍自己是中国学生的身份，来增加对方回复并答应其请求

的可能性。

（三）道歉语

从道歉语使用情况看，汉语组倾向使用道歉语，其使用频率最高（17.4%），三语组中道歉语的使用频率略低于汉语组（14.4%）。相比较而言，道歉语在英语组和维吾尔语组中的使用频率较低，仅为 5.5%、2.3%。依据上一小节的使用频数统计结果，三语组在道歉语使用方面受汉语影响。

具体来看，英语组道歉语出现频数较低，仅 7 例，且在四个情境中出现频数较为均衡，除情境 3 中出现 1 例外，其余 3 个情境均各出现 2 例。以下是英语组道歉语使用实例：

［英语组］

–Sorry to email you out of the blue. I've been working on some research and I was hoping you could help me out?（Y20–2）

–Sorry to be a pain, but in conducting a research on student views on enterpreneurship in different countries and thought that you can help.（Y17–2）

–Sorry to bother you. I was just wondering if you would be able to write me a reference for a job that I've applied for?（Y20–4）

三语组语料中道歉语使用频率高于英语组，上一小节对数似然检验结果显示，三语组—英语组在道歉语使用上有显著差异。另外，三语组、英语组道歉语使用情境分布也有所不同，三语组中道歉语的使用与情境密切相关，主要集中在情境 4（请老师写推荐信）。以下是三语组道歉语实例：

［三语组］

–... I am very sorry to bother you.（S47–4）

–...I am very sorry for the trouble I'll bring.（S55–4）

–I'm sorry for taking your time.（S33–4）

–... I apologize for taking up your time.（S39–4）

与三语组情况类似，汉语组道歉语也主要分布在情境 4，情境 4 中道歉语的使用频数约占总频数的 60%。以下是汉语组道歉语使用实例：

［汉语组］

– 非常抱歉您这么忙，我还打扰您了！（H1–4）

– 这么突然找您，对不起哈。（H21–4）

相对于英语组，三语组和汉语组道歉语使用更为频繁，且这两组在道歉语使用分布上有相似性，即倾向于在写给权势地位比自己高的人、且请求强加度高的情境中使用道歉语。三语组在道歉语使用上受汉语影响。这一点在访谈中得到了验证。

访谈 4.18

研究者：在情境 4 中，你写到："I'm so ashamed for taking up your time..."能解释一下为什么要这样写吗？

学生 1：这个当初是心里用汉语想出来，然后翻译的，所以直接用了它对应的词语"非常的抱歉用了你的时间"。在汉语当中如果别人为我们做了什么，就后面一定要说一些礼貌的话，像"麻烦你了"、"浪费你的时间了"，后面必须得加上，表示他的心意什么的……这样写的话，他会更可能帮我。 (X1/31)

（四）赞扬语

赞扬语在各组的使用情况与前文介绍的道歉语相似。具体来看，赞扬语使用频率最高的是汉语组，达到 18.1%，三语组的赞扬语使用频率略低于汉语组（15.8%），英语组赞扬语使用频率远低于三语组，仅为 3.1%，维吾尔语组使用频率最低（0.8%）。同样，依据上一小节频数及频率统计结果，三语组在赞扬语使用方面受汉语影响。

从各组赞扬语使用情境分布情况看，英语组赞扬语在各情境的分布较为平均；三语组和汉语组赞扬语的使用与情境密切相关，集中出现在相对权势不对等的情境 3 和情境 4 中（被请求人均为老师）。在情境 4 中（请教授写推荐信），三语组和汉语组均倾向于提及教授在学术方面的影响及声誉。以下是英语组、三语组和汉语组赞扬语使用实例：

［英语组］

–As you are studying in China this year, you are in the perfect position to collect information from Chinese students.（Y8–2）

–...I've really been enjoying your classes...（Y20–3）

–I feel that you're one of the professors who know me best, who better to come to for a reference?（Y20–4）

［三语组］

–I love your class, and your class is very interesting. I'm really interested in it, but I think my pronunciation is bad...（S37–3）

–Under your careful guidance, I'm more and more interested in English speech.（S2–3）

–... which required me to hand over a reference written by one of famous professor of that school. I know you are ideal one who can help me.（S64–4）

–... I need someone to write a reference letter and you are a famous professor and no one is more suitable for it than you in my mind. (S56–4)

［汉语组］

– 申报这个项目需要老师的推荐信。在我心里，您是我仰慕的老师，所以，我希望这封推荐信可以由您来帮我写。（H33–4）

– 我特别喜欢您的课，也特别崇拜您……申报这个项目需要提供老师的推荐信，我第一个就想到了最有学术地位的您。（H3–4）

– ……专业知识打下了坚实的基础，老师对我也有很大的影响……您是位德高望重的老师，您的推荐信对我很重要。（H18–4）

第四节　小结与讨论

在前三节中，研究者通过对比各组请求言语行为，从请求策略形式、请求内部修饰语、请求外部修饰语三个方面报告和分析了维吾尔语、汉语对维吾尔族学生英语请求言语行为的影响，主要研究发现可归纳如下：

表 4.10　　维吾尔族学生英语请求言语行为中维吾尔语、汉语迁移情况一览表

	请求言语行为	维吾尔语	汉语
请求策略形式	a. 直接询问型		
	b. 语气引导型	▲	★
	c. 显性施为动词型		
	d. 模糊施为动词型		
	e. 义务陈述型		
	f. 需要陈述型	▲	★
	g. 建议表达型		
	h. 探询型	▲	★
	i. 暗示型		

续表

请求内部修饰语	a. 主观意向语		
	b. 微量语		
	c. 降调语	▲	★
	d. 呼证语		
	e. 礼貌标记语	▲	★
	f. 称呼语		
	g. 尊称代词		
	h. 动词重叠		
	i. 语气词		
	j. 疑问句	▲	★
	k. 过去时	▲	★
	l. 进行体	▲	★
	m. 条件从句		
	n. 先决条件否定		
请求外部修饰语	a. 寒暄语		★
	b. 自我介绍		★
	c. 准备语/预先提请语		
	d. 原因语		
	e. 松绑语		
	f. 强加度降低语		
	g. 道歉语		★
	h. 赞扬语		★
	i. 致谢语		
	j. 要求/期望回复		
	k. 祝福语		
	l. 再次请求语		
	m. 强调语		

注：“▲”表示存在维吾尔语迁移；“★”表示存在汉语迁移。

表 4.10 汇总了维吾尔族学生英语请求言语行为中维吾尔语、汉语迁移情况，具体表现为：

1. 三语组在语气引导型、需要陈述型和探询型三种请求策略形式使用上均存在维吾尔语、汉语迁移。

首先，在语气引导型方面，该形式在英语组语料中没有出现，而在维吾尔语组、汉语组及三语组均不同程度使用，其中，维吾尔语组使用频率最高（64.1%），是该组使用最频繁的请求策略形式。统计结果显示，三语组在语气引导型使用上既受维吾尔语影响，也受汉语影响，表现出复杂性，这一点在访谈中也得到了验证。

其次，在需要陈述型方面，英语组使用频率最低（3.1%），三语组最高（42.9%），维吾尔语组、汉语组也使用一定比例该形式（21.9%、18.8%）。统计结果显示，三语组在需要陈述型使用上同时存在维吾尔语、汉语迁移。同时，质性数据分析结果也表明，三语组语料中频繁出现的"I hope"、"I want you to..."等需要陈述型表达形式可能受维吾尔语、汉语影响。通过访谈了解到，访谈对象在使用"I want you to..."时倾向于将其与汉语中的"我想请你"、"我想让你"等表达形式对等。

再次，在探询型使用上，英语组频率最高（87.5%），维吾尔语组最低（3.1%），汉语组、三语组居中（37.5%、45.4%）。三语组使用频率远低于英语组，统计结果显示，三语组在探询型使用上受维吾尔语、汉语影响。另外，三语组和英语组在探询型具体表达形式上也存在差异。英语组探询型表达趋于多样化，调查对象会根据不同情境使用不同的表达形式，该组使用最多的是"I was wondering..."形式，而"Can you...?/Could you...?"使用频率相对较低；三语组则有所不同，表现为频繁使用"Can you...?"，表达方式单一，这在某种程度上可能是受汉语、维吾尔语的影响。

2. 三语组在降调语、礼貌标记语、疑问句、过去时和进行体等五种请求内部修饰语使用上既受维吾尔语影响，也受汉语影响。

首先，在降调语方面，英语组使用一定数量的降调语（12.5%），维吾尔语组、汉语组均没有使用，三语组虽有使用，但频率极低（0.5%）。统计结果表明，三语组降调语使用不足同时受维吾尔语、汉语影响。另外，通过访谈发现，三语组降调语使用频率低与英语教学有一定关系，受访者表示虽然学过"possibly"、"just"等降调语，但是对其缓和语气功能并不了解。

其次，在礼貌标记语方面，英语组使用频率最低（11.7%），维吾尔语组最高（35.2%），三语组、汉语组居中（24.2%、27.1%）。统计结果显示，三语组在礼貌标记语使用上同时受维吾尔语、汉语影响。从具体内容上看，三语组频繁使用"please + 祈使句"结构尤其是"please help"组合，与汉语组、维吾尔语组有相似性，但这一结构在英语组语料中却没有出现。访谈数据也表明，三语组频繁使用礼貌标记语可能是英语教学以及维吾尔语、汉语迁移共同作用的结果。

再次，在疑问句使用上，英语组频率最高（20.3%），维吾尔语组、汉语组有少量使用（7.0%、2.8%），三语组最低（1.4%）。统计结果显示，三语组在疑问句使用上受维吾尔语、汉语交互影响。另外，在具体形式上，三语组使用的疑问句均为"肯定句加附加疑问句"形式，该形式在维吾尔语组、汉语组也有出现。而英语组频繁使用的"肯定句加问号"形式在三语组中并未出现。访谈表明，三语组受访者对英语中常用的"肯定句加问号"以缓和语气的用法并不了解。可见，三语组中的疑问句形式与英语组表现出差异可部分归因于维吾尔语、汉语的影响，同时与英语教学也有一定关系。

在过去时使用方面，英语组使用频率最高（63.3%）；三语组有一定数量使用，但频率远低于英语组，为15.8%，过去时在维吾尔语组、汉语组中则没有使用。统计结果显示，三语组在过去时使用频数和频率上受维吾尔语和汉语影响。此外，三语组在过去时使用的具体形式上也与英语组不同。三语组中使用频率最高的过去时形式是"could"，而英语组中频繁出现的"I was wondering"、"wondered"等过去时形式在三语组中没有出现。英语中用过去时表达当前的请求行为，以缓和语气，而在维吾尔语、汉语中并没有类似用法。这种对等结构的缺失在一定程度上影响了三语组过去时的使用与表达。访谈也发现，多数访谈对象对"I was wondering"、"wondered"等过去时表礼貌的用法并不了解。

进行体在各组使用情况与过去时类似。进行体在英语组中使用频率最高（29.7%）；三语组虽有使用，但频率非常低（0.3%）；维吾尔语组、汉语组均没有使用进行体。统计结果显示，三语组在进行体的使用频数／频率上同时受维吾尔语、汉语影响。英语组倾向于使用"I was/am wondering"、"I was hoping"等进行体以减缓语气。英语中进行体在表示请求的句式中常带有委婉礼貌的功能，而汉语、维吾尔语则不同，汉语、维吾尔语进行体委婉礼貌功能的缺失在一定程度上影响了三语组进行体的使用。另外，访谈表明，三语组对英语进行体作为缓和语这一语用功能并不了解，或即便了解但仍不能做到"学以致用"，这也是该组进行体使用频率过低的原因之一。

3. 三语组在自我介绍、寒暄语、道歉语、赞扬语等四种请求外部修饰语上主要受汉语影响。

在寒暄语使用上，英语组频率最低（18.6%），三语组最高（60.1%），汉语组、维吾尔语组居中，分别为45.1%、34.3%。量化数据结果显示，三语组在寒暄语使用频数和频率上主要受汉语影响。另外，在寒暄语使用情境分布及具体内容上，三语组与英语组也存在差异。英语组中寒暄语的使用主要出现在权势对等的两个情境中，在权势不对等的情境中出现频率非常低，而三语组语料中寒暄语在四个情境使用均较为频繁。从具体内容看，英语组寒暄语为常规性的问候语，且较为简短，而三语组寒暄语相对较长，且倾向于包括更多的寒暄语分类，这与汉语组有一定相似性。访谈显示，有的访谈对象在用英语完成邮件时，倾向于直接将汉语中的寒暄语表达翻译成英语。可见，汉语中频繁使用寒暄语以及常用的寒暄语方式对三语组产生了一定影响。

在自我介绍语方面，英语组使用频率最低（4.7%），维吾尔语组使用频率虽高于英语组，但仍属于偏低水平（13.3%）；汉语组、三语组则均使用相当比例的自我介绍语（51.4%、40.8%）。量化数据结果显示，三语组在自我介绍语使用频数和频率上受汉语影响。另外，三语组更倾向于在相对权势不对等的两个情境（被请求人均为老师）中使用自我介绍语，在这一点上，汉语组与三语组表现出相似性。

从道歉语使用情况看，英语组、维吾尔语组使用频率低，分别为5.5%、2.3%，汉语组使用频率最高（17.4%），三语组略低于汉语组，列第二位（14.4%）。量化数据结果显示，三语组在道歉语使用频数和频率上主要受汉语影响。相对于英语组，三语组与汉语组道歉语使用更为频繁，且两个组在道歉语使用分布上有相似性，即倾向于在写给权势地位比自己高的人、且请求强加度高的情境中使用道歉语。三语组在道歉语使用上受汉语影响，这在访谈中也得到了验证。

赞扬语使用情况与道歉语相似。英语组、维吾尔语组赞扬语使用频率低，分别为3.1%、0.8%；汉语组使用频率最高（18.1%），三语组使用频率为15.8%，虽略低于汉语组，但远高于英语组。统计结果显示，三语组在赞扬语使用频数和频率上主要受汉语影响。从各组赞扬语使用的情境分布情况看，英语组赞扬语在各情境的分布较为平均；三语组和汉语组中赞扬语的使用则与情境密切相关，集中出现在相对权势不对等的情境 3 和情境 4 中（被请求人均为老师）。

通过以上对本章主要研究结果的简要回顾，可以看出，维吾尔族学生在用英语实施请求时，先前习得的两种语言—维吾尔语和汉语都对其英语请求言语行为产生了影响，其中汉语的影响相对较大。具体而言，在请求策略形式和请求内部修饰语使用上，维吾尔语、汉语迁移同时存在，但呈现复杂特征，无法明确判断语用迁移究竟是源于维吾尔语还是汉语，但从使用频率来看，相对而言，三语组与汉语组使用频率更为接近，表现出更大的一致性；在外部修饰语使用上，三语组则主要受汉语影响。

综合以上分析说明，三语组的英语请求言语行为既受维吾尔语影响，也受汉语影响，呈现复杂特征。这一发现与刘惠萍（2012）、彭瑶（2013）的研究结果基本一致。刘惠萍（2012）研究发现，维吾尔族英语学习者在规约性间接策略类型与探询型策略形式的使用上均受维吾尔语和汉语的影响，其中汉语对三语（英语）的影响大于维吾尔语对英语的影响；在词汇降级手段礼貌标记语的使用上，汉语与维吾尔语均对三语（英语）产生了影响，但不显著；在请求外在限制语的使用上，维吾尔语与汉语均对三语产生了影响，其中维吾尔语对三语的影响要大于汉语对三语的影响。彭瑶（2013）也得出了类似结论，通过对每个情境分析发现，维吾尔语、汉语均对三语学习者产生了影响，但呈现复杂特征，无法判断语用迁移确切来源；但通过对比三语组与汉语二语学习者组，发现维吾尔族三语学习者的语用迁移主要来自汉语。

本研究的结果验证了 Odlin（2001）和 Flynn（2004）的观点，即学习者先前所习得的语言都会对三语学习产生影响，学习者原有的知识都可能成为迁移的对象。同时，本研究还支持了 Fouser（1997）

和 Mansi（2009）研究发现，在三语习得过程中存在语用迁移。

本研究发现的汉语（二语）对三语组请求言语行为影响更大的探究结果与国内外某些研究发现相悖（如 Cenoz, 2001；Fouser, 2001；Ringbom, 2001；De Angelis, 2005a；刘承宇、谢翠平，2008；Foote, 2009；欧亚丽、刘承宇，2009；倪传斌、张之胤，2011；Pinto & Carvalhosa, 2012）。这些研究发现，源语与目标语语言距离越近，发生迁移的可能性就越大。然而，从语言类型来看，汉语属于汉藏语系中的孤立语，没有诸如复数、词性、词格、时态等屈折变化；英语归属印欧语系，属于屈折语，维吾尔语归属阿尔泰语系，属于黏着语，这两种语言都具有丰富的时态与语态变化。从这个角度来说，维吾尔语与英语语言距离更近，发生迁移的可能性较大；汉语与英语间语言距离较远，发生迁移的可能性理应较低。本研究结果则显示，语用迁移与客观语言类型距离之间没有必然的关系。

除客观语言距离外，还存在心理语言距离，即学习者认为或感知语言之间存在的距离（Kellerman, 1978）。当学习者感知到两种语言非常相似或者在类型上接近的时候，迁移发生的程度越高。Fouser（1997）研究表明，由于学习者认为母语（韩语）与三语（日语）的语言距离较近，因此语言迁移多发生在母语与三语之间；Mansi（2009）也发现，三语学习者三语（西班牙语）请求和致歉言语行为很大程度上受母语（英语）的影响，而来自二语（北印度语）的影响非常有限。这两项研究中均发现，心理语言距离是影响三语语用迁移最重要的因素。然而，本研究发现与上述两项研究结果不同，并不支持心理语言距离是影响三语语用迁移的最重要因素这一结论。针对维吾尔语、汉语、英语三种语言间的心理语言距离，研究者对三语组调查对象进行了问卷调查和访谈。问卷调查结果见表 4.11：

表 4.11　　　　　　　　　　　　调查对象感知的语言间相似程度

	语音相似度		词汇相似度		语法结构相似度		总体相似度	
	维—英	汉—英	维—英	汉—英	维—英	汉—英	维—英	汉—英
调查对象感知的语言间相似程度	0.668	0.247	0.610	0.256	0.567	0.396	0.634	0.318

注：本表基于三语组背景问卷第 15 题，统计的原始数据及数据模型详见附录 8。

从表 4.11 可以看出，无论在语音、词汇、语法结构等方面的相似度，还是在总体相似度上，三语组调查对象均认为维吾尔语和英语之间语言距离更近，两者更为相似。这一点在访谈中也得到了验证。受访者表示，不同于汉语是有声调的语言，维吾尔语和英语都没有声调；其次，维吾尔语和英语都属于拼音文字，在发音上有相似之处，因此维吾尔族学生"经常习惯性地用英文字母来表达自己的母语"；再者，维吾尔语中有很多从英语中借入的词汇，如 كومپيوتېر（computer），رېستوران（restaurant），ئادرېس（address），ئايروپىلان（airplane），دېكابىر（October），ئۆكتەبىر（jungle），جاڭگال（telephone），تېلېفون（December）等；同时，维吾尔语和英语一样都有时态、语态变化。另外，受访者还提到，正因为维吾尔语与英语有更多相似之处，尤其在词汇方面，因此他们在英语学习初期倾向于"在维吾尔语和英语之间建立关联"，以促进自己的英语学习。

问卷调查和访谈结果均表明，三语组调查对象所感知的维吾尔语、英语两种语言间的距离更近。但本研究却发现，三语组的英语请求言语行为更容易受汉语影响而非与英语心理语言距离更近的维吾尔语影响。为了探究二语（汉语）对三语组英语请求言语行为影响更大的原因，研究者对调查对象进行了访谈。访谈发现，语言环境和英语老师因素可能是其英语请求言语行为更容易受汉语影响的重要原因。多数调查对象从高中开始学习英语，因为高中就读于"内地新疆高中班"，英语老师是汉族，因此调查对象通过汉语来学习英语。虽然在英语学习过程中，尤其是学习初期，他们想"将自己的母语和英语联系起来，因为这样可以更容易、更清楚"，但由于老师用汉语授课，且他们所处语言环境是汉语，缺少将维吾尔语和英语建立联系的条件和环境，因此，随着他们汉语水平的逐步提高，慢慢"习惯于用汉语进行思维"。

除上面提及的语言环境及教师因素外，二语水平和近现率也是三语者受汉语影响更大的原因。

如在第三章第二节所述，三语组调查对象高中阶段在"内地新疆高中班"学习，所有科目均用汉语授课，高考时用汉语答卷；现就读于内地高校，并根据专业与汉族学生统一编班。因为高中和大学阶段都在汉语环境下学习，所以具有较高的汉语水平。有研究表明，二语水平和接触程度会影响在三语产出中使用母语还是二语。Williams & Hammarberg（1998）以及 Ringbom（2001）研究发现，三语者的二语水平和接触程度越高，二语对三语的迁移作用就会越明显。Hammarberg（2001）也指出，三语习得者在使用目标语时会更多地迁移刚刚学过的或使用较多的非母语语言，这是因为这样的语言近期经常被使用，易于提取，因此更容易被激活。

本研究认为，汉语对维吾尔族英语学习者请求言语行为的影响更大是二语水平、近现率、语言环境和英语教师等因素共同作用的结果。上述因素对三语习得中语言迁移的影响并不是孤立的，而是交织在一起共同发挥作用，其共同作用的影响力要大于语言距离因素，这是本研究中维吾尔族英语学习者在用英语做请求时受汉语影响更大的重要原因。

第五节　本章小结

在本章中，研究者通过对比三语组（维吾尔族英语学习者）与对照组，从请求策略形式、请求内部修饰语和请求外部修饰语三个方面报告和分析了三语者英语请求言语行为中的维吾尔语、汉语迁移情况。对每个层面结果的呈现与分析既包括定量数据结果，也包括定性数据结果。

定量和定性分析结果表明，在请求策略形式方面，三语组在语气引导型、需要陈述型和探询型这三种形式使用上均存在维吾尔语、汉语迁移；在请求内部修饰语方面，三语组在降调语、礼貌标记语、疑问句、过去时、进行体等五种内部修饰语使用上也同时存在维吾尔语、汉语迁移。可见，在三语组请求策略形式和请求内部修饰语使用上，维吾尔语、汉语迁移确实存在，但呈现复杂特征，无法明确判断语用迁移究竟是源于维吾尔语还是汉语影响，但从使用频率上看，相对而言，三语组与汉语组使用频率更为接近，呈现更大的一致性。在请求外部修饰语使用上，三语组则主要受汉语影响，具体表现为在自我介绍、寒暄语、道歉语、赞扬语等四种外部修饰语上存在汉语迁移。

另外，在本章第四节，研究者在前三节研究结果汇报基础上，对研究发现加以凝练，并通过与文献综述的协商，对主要研究发现进行了讨论。研究发现，维吾尔族学生在用英语实施请求时，先前习得的两种语言（维吾尔语和汉语）都会对其英语请求言语行为产生影响。相对而言，二语（汉语）的影响更大，这是二语水平、近现率、语言环境和英语教师等因素共同作用的结果。

第五章　维吾尔族学生英语水平与
已习得语言迁移之间的关系

上一章围绕第一个研究问题，从请求策略形式、请求内部修饰语和请求外部修饰语三个方面分析和讨论了维吾尔语、汉语对维吾尔族学生英语请求言语行为的影响。本章主要针对第二个研究问题，即维吾尔族学生英语水平与已习得语言迁移之间的关系，对研究结果加以呈现，并对主要研究发现展开讨论。

为探究两者之间关系，本研究根据维吾尔族英语学习者的英语水平选取前 23 人和后 21 人分别组成高水平组、低水平组。依据第三章第四节语用迁移判定标准，通过对比高、低水平组与对照组的请求言语行为，来报告和分析维吾尔族学生的英语水平如何影响已习得语言的迁移。

本章共包括五节：第一节、第二节和第三节将分别从请求策略形式、请求内部修饰语和请求外部修饰语三个层面汇报、呈现维吾尔族学生英语水平与已习得语言迁移两者之关系；第四节在对前三节研究结果总结基础上，对主要研究发现进行讨论；第五节是本章小结。

第一节　两者关系在请求策略形式方面的表现

本节将汇报维吾尔族学生英语水平与已习得语言迁移关系在请求策略形式方面的表现。首先，分别统计出高水平组、低水平组各请求策略形式使用的总频数（n）；然后，用总频数除以该组邮件写作任务总数（即人数 *4，4 代表 4 个写作任务），从而获得频数的百分比，即使用频率。然后，将高、低水平组的使用频数 / 频率与维吾尔语组、汉语组和英语组进行对比，结果如表 5.1 所示：

表 5.1　　　　　　　　高、低水平组及对照组请求策略形式使用情况

请求策略形式	维吾尔语组 (128)		汉语组 (144)		高水平组 (92)		低水平组 (84)		英语组 (128)	
	n	%	n	%	n	%	n	%	n	%
a. 直接询问型	2	1.6	1	0.7	0	0	0	0	4	3.1
b. 语气引导型	82	64.1	16	11.1	3	3.3	21	25	0	0
c. 显性施为动词型	7	5.5	11	7.6	0	0	2	2.4	1	0.8
d. 模糊施为动词型	3	2.3	31	21.5	0	0	0	0	0	0
e. 义务陈述型	0	0	0	0	0	0	0	0	0	0
f. 需要陈述型	28	21.9	27	18.8	36	39.1	35	41.7	4	3.1
g. 建议表达型	0	0	0	0	0	0	0	0	0	0
h. 探询型	4	3.1	54	37.5	48	52.2	26	30.9	112	87.5
i. 暗示	2	1.6	4	2.8	5	5.4	0	0	7	5.5

基于表 5.1 中的频数及频率，使用 LLX2 工具对高水平组—英语组、低水平组—英语组、维吾尔语组—英语组、汉语组—英语组进行对数似然率检验（LL 检验），以检验各组间是否有显著差异，以

此分别判定高水平组、低水平组是否具备发生迁移的前提条件（判定标准详见第三章第四节）。为清晰起见，本节中将对高水平组、低水平组的统计结果分别呈现，具体如表 5.2、表 5.3 所示：

表 5.2　　组间请求策略形式频数对数似然率检验（高水平组迁移前提条件）

请求策略形式	高水平组—英语组		维吾尔语组—英语组		汉语组—英语组	
	LL	p 值	LL	p 值	LL	p 值
a. 直接询问型	-4.333	0.037	-0.680	0.410	-2.298	0.130
b. 语气引导型	5.231	0.022	113.676	0.000*	20.352	0.000*
c. 显性施为动词型	-1.083	0.298	5.062	0.024	8.615	0.003*
d. 模糊施为动词型	0.000	1.000	4.159	0.041	39.431	0.000*
f. 需要陈述型△☆	41.099	0.000*	20.248	0.000*	16.532	0.000*
h. 探询型△☆	-9.538	0.002*	-126.011	0.000*	-28.106	0.000*
i. 暗示	0.000	0.992	-2.942	0.086	-1.220	0.269

注：表中"LL"代表对数似然值；"*"表示对数似然值检验结果差异显著（p<0.01）；"△"表示具备维吾尔语迁移条件；"☆"表示具备汉语迁移条件。

表 5.3　　组间请求策略形式频数对数似然率检验（低水平组迁移前提条件）

请求策略形式	低水平组—英语组		维吾尔语组—英语组		汉语组—英语组	
	LL	p 值	LL	p 值	LL	p 值
a. 直接询问型	-4.036	0.045	-0.680	0.410	-2.298	0.130
b. 语气引导型△☆	38.882	0.000*	113.676	0.000*	20.352	0.000*
c. 显性施为动词型	0.893	0.345	5.062	0.024	8.615	0.003*
d. 模糊施为动词型	0.000	1.000	4.159	0.041	39.431	0.000*
f. 需要陈述型△☆	43.047	0.000 *	20.248	0.000*	16.532	0.000*
h. 探询型△☆	-27.603	0.000*	-126.011	0.000*	-28.106	0.000*
i. 暗示	-7.064	0.008*	-2.942	0.086	-1.220	0.269

注：表中"LL"代表对数似然值；"*"表示对数似然值检验结果差异显著（p<0.01）；"△"表示具备维吾尔语迁移条件；"☆"表示具备汉语迁移条件。

表 5.2 显示，高水平组在 f. 需要陈述型、h. 探询型两种策略形式同时具备维吾尔语、汉语迁移的前提条件（分别用"△"、"☆"表示）；表 5.3 显示，低水平组在 b. 语气引导型、f. 需要陈述型、h. 探询型三种策略形式同时具备维吾尔语、汉语迁移的前提条件。

确定具备迁移的前提条件后，还需依据一定标准，才能最终认定是否存在迁移。因在第三章第四节中对本研究语用迁移的判定标准做过详细阐述，且在第四章亦多次提及，故此处不再赘述。依据此判定标准，高水平组、低水平组请求策略形式中已习得语言迁移最终判定结果如表 5.4、表 5.5 所示：

表 5.4　　　　　　高水平组请求策略形式中维吾尔语、汉语迁移的表现

请求策略形式	维吾尔语组 %	汉语组 %	高水平组 %	英语组 %	高水平组—维吾尔语组		高水平组—汉语组		迁移表现
					LL	p 值	LL	p 值	
需要陈述型 ▲★	21.9	18.8	39.1	3.1	5.382	0.020	8.458	0.004*	高 = /≈维；高>汉>英
探询型 ▲★	3.1	37.5	52.2	87.5	59.825	0.000*	2.741	0.098	维<高<英；高 = /≈汉

注："▲"表示存在维吾尔语迁移；"★"表示存在汉语迁移；最右侧一栏中维、汉、高、英分别代表维吾尔语组、汉语组、高水平组、英语组。

表 5.5　　　　　　低水平组请求策略形式中维吾尔语、汉语迁移的表现

请求策略形式	维吾尔语组 %	汉语组 %	低水平组 %	英语组 %	低水平组—维吾尔语组		低水平组—汉语组		迁移表现
					LL	p 值	LL	p 值	
语气引导型 ▲★	64.1	11.1	25	0	-17.447	0.000*	6.028	0.014	维>低>英；低 = /≈汉

续表

需要陈述型▲★	21.9	18.8	41.7	3.1	6.502	0.011	9.797	0.002*	低＝/≈维；低＞汉＞英
探询型▲★	3.1	37.5	30.9	87.5	28.616	0.000*	-0.660	0.417	维＜低＜英；低＝/≈汉

注："▲"表示存在维吾尔语迁移；"★"表示存在汉语迁移；最右侧一栏中维、汉、低、英分别代表维吾尔语组、汉语组、低水平组、英语组。

由表5.4、表5.5可见，高水平组在需要陈述型、探询型使用上均存在维吾尔语、汉语迁移，低水平组在语气引导型、需要陈述型和探询型三种形式存在维吾尔语、汉语迁移。下文中将结合表5.1，对高水平组、低水平组中已习得语言的迁移情况进行比较。

首先，在需要陈述型使用上，高水平组使用频率为39.1%，低水平组使用频率为41.7%，低水平组略高于高水平组，但相差不大。表5.4、表5.5统计结果显示，高水平组和低水平组在需要陈述型使用上都存在维吾尔语、汉语迁移，两组没有显著差异。

其次，在探询型使用方面，依据表5.4、表5.5统计结果，高水平组和低水平组均受维吾尔语、汉语影响。但高水平组使用频率为52.2%，低水平为30.9%，高水平组探询型策略形式使用频率远高于低水平组，更接近英语组的使用频率。而低水平组则接近维吾尔语组、汉语组使用频率，因此相对于高水平组，低水平组受已习得语言（维吾尔语、汉语）的影响更大。另外，从内容上看，高水平组、低水平组使用的探询型形式也有一定差别。通过比较语料发现，低水平组倾向于使用"Can you...?"，同时亦有个别使用"Could you...?"；高水平组除这两种形式外，还使用一定数量的其他表达，相对而言表达形式更多样化，在这一点上与英语组更为接近。高水平组、低水平组探询型表达形式的使用情况见表5.6：

表 5.6 　　　　　　高、低水平组探询型表达形式使用对比

高水平组	低水平组
Can you...? Could you...? Would you please...? I would appreciate it if you can ... Would you mind...? I wonder if you can...	Can you...? Could you...?

　　再次，在语气引导型使用上，高水平组使用频率仅为 3.3%，低水平组使用频率达到 25%，远高于高水平组。表 5.4、表 5.5 统计结果显示，低水平组在语气引导型使用上存在维吾尔语、汉语迁移，而高水平组则不存在维吾尔语、汉语迁移。

　　另外，在暗示、显性施为动词型使用上，高水平组和低水平组也表现出一定的差异。暗示在高水平组中出现 5 例，而在低水平组中则没有出现；显性施为动词型的使用情况则正相反，在低水平组中出现 2 例，而在高水平组中则没有使用。从使用频率看，无论是暗示还是显性施为动词，相对而言都是高水平组的使用频率更接近英语组，而低水平组则更接近源语（维吾尔语、汉语）。可见，低水平组受维吾尔语、汉语的影响更大。高水平组、低水平组暗示及显性施为动词使用情况对比见表 5.7：

　　综上所述，比较而言，低水平组在请求策略形式使用上受已习得语言影响更大，维吾尔族学生的英语水平与已习得语言迁移成负相关。

表 5.7　　　　　　　　高、低水平组暗示及显性施为动词型使用对比

请求策略形式	高水平组	低水平组
暗示	–I'm applying for it now. I think your reference letter will help a lot. (S39-4) –... Your reference letter will be very helpful for me. (S21-4) –If you would like to help me, I will post this questionnaire to you and you can find 20 American college students to fill it. (S65-2) –I need someone to write a reference letter, and no one is more suitable for it than you in my mind. (S56-4)	没有使用该策略形式。
显性施为动词型	没有使用该策略形式。	–So I decide to ask you to help me write a letter of recommendation. (S80-4) –So I ask you to help me write a reference letter. (S22-4)

第二节　两者关系在请求内部修饰语方面的表现

上一节中从请求策略形式层面汇报了维吾尔族学生英语水平与已习得语言迁移关系，本节中将呈现两者关系在请求内部修饰语方面的表现。对请求内部修饰语使用频数的统计方法同上一节请求策略形式。高水平组、低水平组及对照组请求内部修饰语使用频数和频率如表 5.8 所示：

基于表 5.8 中的频数及频率，使用 LLX2 工具对高水平组—英语组、低水平组—英语组、维吾尔语组—英语组、汉语组—英语组进行对数似然率检验（LL 检验），以检验各组间是否有显著差异，据此判定高水平组、低水平组是否具备发生维吾尔语、汉语迁移的前

提条件。为清晰起见，将对高水平组、低水平组的统计结果分别予以呈现，具体如表 5.9、表 5.10 所示：

表 5.8　　　　　　　高、低水平组及对照组请求内部修饰语使用情况

	请求内部修饰语	维吾尔语组(128)		汉语组(144)		高水平组(92)		低水平组(84)		英语组(128)	
		n	%	n	%	n	%	n	%	n	%
词汇降级手段	a. 主观意向语	30	23.4	59	41.0	31	33.7	26	31.0	59	46.1
	b. 微量语	74	57.8	23	16	0	0	0	0	0	0
	c. 降调语	0	0	0	0	0	0	1	1.2	16	12.5
	d. 呼证语	9	7.0	4	2.8	0	0	2	2.4	0	0
	e. 礼貌标记语	45	35.2	39	27.1	15	16.3	24	28.6	15	11.7
	f. 称呼语	1	0.8	15	10.4	0	0	0	0	0	0
	g. 尊称代词	0	0	47	32.6	0	0	0	0	0	0
	h. 动词重叠	0	0	1	0.7	0	0	0	0	0	0
	i. 语气词	0	0	12	8.3	0	0	0	0	0	0
句法降级手段	j. 疑问句	9	7.0	4	2.8	0	0	2	2.4	26	20.3
	k. 过去时	0	0	0	0	24	26.1	5	6.0	81	63.3
	l. 进行体	0	0	0	0	1	1.1	0	0	38	29.7
	m. 条件从句	13	10.2	7	4.9	0	0	2	2.4	13	10.2
	n. 先决条件否定	0	0	43	29.9	0	0	0	0	0	0

表 5.9　　　组间请求内部修饰语频数对数似然率检验（高水平组迁移前提条件）

	请求内部修饰语	高水平组—英语组		维吾尔语组—英语组		汉语组—英语组	
		LL	p 值	LL	p 值	LL	p 值
词汇降级手段	a. 主观意向语	-2.053	0.152	-9.624	0.002*	-0.409	0.522
	b. 微量语	0.000	1.000	102.586	0.000*	29.255	0.000*
	c. 降调语 △ ☆	-17.331	0.000*	-22.181	0.000*	-24.121	0.000*
	d. 呼证语	0.000	1.000	12.477	0.000*	5.088	0.024

续表

词汇降级手段	e. 礼貌标记语	0.814	0.367	15.697	0.000*	8.409	0.004*
	f. 称呼语	0.000	1.000	1.386	0.239	19.080	0.000*
	g. 尊称代词	0.000	1.000	0.000	1.000	59.783	0.000*
	h. 动词重叠	0.000	1.000	0.000	1.000	1.272	0.259
	i. 语气词	0.000	1.000	0.000	1.000	15.264	0.000*
句法降级手段	j. 疑问句△☆	-28.163	0.000*	-8.617	0.003*	-20.723	0.000*
	k. 过去时△☆	-16.703	0.000*	-112.290	0.000*	-122.111	0.000*
	l. 进行体△☆	-33.604	0.000*	-52.679	0.000*	-57.287	0.000*
	m. 条件从句	-14.082	0.000*	0.000	1.000	-2.604	0.107
	n. 先决条件否定	0.000	1.000	0.000	1.000	54.695	0.000*

注：表中"LL"代表对数似然值；"*"表示对数似然值检验结果差异显著（$p<0.01$）；"△"表示具备维吾尔语迁移条件；"☆"表示具备汉语迁移条件。

表5.10　组间请求内部修饰语频数对数似然率检验（低水平组迁移前提条件）

	请求内部修饰语	低水平组—英语组		维吾尔语组—英语组		汉语组—英语组	
		LL	p 值	LL	p 值	LL	p 值
词汇降级手段	a. 主观意向语	-2.997	0.083	-9.624	0.002*	-0.409	0.522
	b. 微量语	0.000	1.000	102.586	0.000*	29.255	0.000*
	c. 降调语△☆	-10.391	0.001*	-22.181	0.000*	-24.121	0.000*
	d. 呼证语	3.703	0.054	12.477	0.000*	5.088	0.024
	e. 礼貌标记语△☆	7.604	0.006*	15.697	0.000*	8.409	0.004*
	f. 称呼语	0.000	1.000	1.386	0.239	19.080	0.000*
	g. 尊称代词	0.000	1.000	0.000	1.000	59.783	0.000*
	h. 动词重叠	0.000	1.000	0.000	1.000	1.272	0.259
	i. 语气词	0.000	1.000	0.000	1.000	15.264	0.000*
句法降级手段	j. 疑问句△☆	-15.530	0.000*	-8.617	0.003*	-20.723	0.000*
	k. 过去时△☆	-52.843	0.000*	-112.290	0.000*	-122.111	0.000*
	l. 进行体△☆	-38.346	0.000*	-52.679	0.000*	-57.287	0.000*
	m. 条件从句	-5.041	0.025	0.000	1.000	-2.604	0.107
	n. 先决条件否定	0.000	1.000	0.000	1.000	54.695	0.000*

注：表中"LL"代表对数似然值；"*"表示对数似然值检验结果差异显著（$p<0.01$）；"△"表示具备维吾尔语迁移条件；"☆"表示具备汉语迁移条件。

表 5.9 显示，高水平组在 c. 降调语、j. 疑问句、k. 过去时、l. 进行体等四种内部修饰语的使用上同时具备维吾尔语、汉语迁移的前提条件（分别用"△"、"☆"表示）；表 5.10 显示，除上述四种请求内部修饰语外，低水平组还在 e. 礼貌标记语使用方面具备维吾尔语、汉语迁移的条件。

在确定具备迁移的前提条件后，还需满足一定标准，才能最终认定是否存在迁移（具体判定标准详见第三章第四节）。依据此判定标准，高水平组、低水平组请求内部修饰语中已习得语言迁移最终判定结果如表 5.11、表 5.12 所示：

表 5.11　　　　　高水平组请求内部修饰语中维吾尔语、汉语迁移的表现

请求内部修饰语	维吾尔语组 %	汉语组 %	高水平组 %	英语组 %	高水平组—维吾尔语组		高水平组—汉语组		迁移表现
					LL	p 值	LL	p 值	
降调语 ▲★	0	0	0	12.5	0.000	1.000	0.000	1.000	高 = /≈ 维；高 = /≈ 汉
疑问句 ▲★	7.0	2.8	0	20.3	-9.749	0.002*	-3.952	0.047	高 < 维 < 英；高 = /≈ 汉
过去时 ▲★	0	0	26.1	63.3	41.848	0.000*	45.218	0.000*	维 < 高 < 英；汉 < 高 < 英
进行体 ▲★	0	0	1.1	29.7	1.744	0.187	1.884	0.170	高 = /≈ 维；高 = /≈ 汉

注："▲"表示存在维吾尔语迁移；"★"表示存在汉语迁移；最右侧一栏中维、汉、高、英分别代表维吾尔语组、汉语组、高水平组、英语组。

表 5.12　　　　　低水平组请求内部修饰语中维吾尔语、汉语迁移的表现

请求内部修饰语	维吾尔语组 %	汉语组 %	低水平组 %	英语组 %	低水平组—维吾尔语组		低水平组—汉语组		迁移表现
					LL	p 值	LL	p 值	
降调语 ▲★	0	0	1.2	12.5	1.852	0.174	1.997	0.158	低 = /≈ 维；低 = /≈ 汉

礼貌标记语 ▲★	35.2	27.1	28.6	11.7	-0.686	0.407	0.042	0.837	低 = /≈ 维; 低 = /≈ 汉
疑问句 ▲★	7.0	2.8	2.4	20.3	-2.354	0.125	-0.032	0.858	低 = /≈ 维; 低 = /≈ 汉
过去时 ▲★	0	0	6.0	63.3	9.258	0.002*	9.985	0.002*	维<低<英; 汉<低<英;
进行体 ▲★	0	0	0	29.7	0.000	1.000	0.000	1.000	低 = /≈ 维; 低 = /≈ 汉

注："▲"表示存在维吾尔语迁移;"★"表示存在汉语迁移;最右侧一栏中维、汉、低、英分别代表维吾尔语组、汉语组、低水平组、英语组。

由表5.11、表5.12可见,高水平组在降调语、疑问句、过去时、进行体使用上均存在维吾尔语、汉语迁移,低水平组在降调语、礼貌标记语、疑问句、过去时、进行体使用上同时存在维吾尔语、汉语迁移。下文将结合表5.8,对高水平组、低水平组请求内部修饰语使用中已习得语言的迁移情况进行详细描述。

首先,在降调语使用方面,高水平组、低水平组基本没有差异。高水平组未发现使用降调语,低水平组出现1例,两组降调语使用频率均远低于英语组(12.5%)。表5.11、表5.12统计结果显示,高水平组、低水平组都存在维吾尔语、汉语迁移。

其次,在礼貌标记语使用上,高水平组使用频率为16.3%,低水平组为28.6%,其使用频率高于高水平组。相比较而言,低水平组礼貌标记语使用频率与维吾尔语组、汉语组更为接近(维吾尔语组、汉语组使用频率分别为35.2%、27.1%),而高水平组则与英语组使用频率更为接近(11.7%)。统计结果显示,低水平组在礼貌标记语方面受维吾尔语、汉语影响,而高水平组则不存在维吾尔语、汉语迁移。

再次,在疑问句使用方面,高水平组未发现使用疑问句,低水平组中出现2例,使用频率为2.4%,均远低于英语组的20.3%。表5.11、

表 5.12 统计结果显示，高水平组、低水平组在疑问句使用方面均存在维吾尔语、汉语迁移。正如在第四章第二节所描述，英语组与汉语组、维吾尔语组疑问句使用情况不同，英语组中疑问句均为肯定句后面加问号的形式，问号的使用能够减缓言语行为所产生的指使力度；汉语组、维吾尔语组中疑问句均为肯定句加附加疑问句的形式，附加疑问句有缓和语气之功效。低水平组中出现的 2 例疑问句均属于肯定句加附加疑问句形式，如 "I want you to help me find 20 local students to do the questionnaire, is it OK?"，这在一定程度上是受汉语和维吾尔语中疑问句形式的影响。

第四，在过去时使用上，高水平组使用频率为 26.1%，低水平组为 6.0%。表 5.11、表 5.12 统计结果显示，高水平组、低水平组均存在维吾尔语、汉语迁移。但将两组比较发现，高水平组的使用频率远高于低水平组，相对而言，高水平组过去时使用频率更接近英语组（63.3%），从这个层面来说，低水平组受维吾尔语、汉语迁移影响更大。

第五，在进行体使用方面上，低水平组未发现使用进行体，高水平组中发现 1 例："I majored in American culture this semester and wondering if you could be so kind to tell me the good website you told me"。表 5.11、表 5.12 统计结果显示，高水平组、低水平组在进行体使用上均受维吾尔语、汉语影响。虽然从统计结果看，两组在进行体使用上并没有差异，但是需要指出的是，三语组中进行体使用仅出现 1 例，而这唯一的 1 例使用者即来自高水平组。另外，从第四章访谈 4.15 也可看出，虽然被访的高水平组学习者在其邮件中并没有使用进行体这一委婉表达形式，但他是所有访谈对象中唯一一位能明确判断进行体与非进行体区别的学习者。

虽然高水平组、低水平组在请求内部修饰语方面除礼貌标记语使用有显著差异外，在降调语、疑问句、过去时、进行体使用并没有显著差异，但相对而言，高水平组在使用频率上更接近英语组，而低水平组则更接近维吾尔语组和汉语组。因此，总体来看，低水平组在请求内部修饰语使用上受已习得语言影响更大，维吾尔族学生的英语水平与已习得语言迁移成负相关。

第三节　两者关系在请求外部修饰语方面的表现

本章第一节、第二节分别从请求策略形式、请求内部修饰语两个层面报告和分析了维吾尔语学生英语水平与已习得语言迁移关系，本节将关注两者关系在请求外部修饰语方面的表现。对请求外部修饰语使用频数和频率的统计采用前两节中请求策略形式、请求内部修饰语同样的统计方法。高水平组、低水平组及对照组请求外部修饰语使用频数和频率如表 5.13 所示：

表 5.13　　　　　高、低水平组及对照组请求外部修饰语使用情况

请求外部修饰语	维吾尔语组(128)		汉语组(144)		高水平组(92)		低水平组(84)		英语组(128)	
	n	%	n	%	n	%	n	%	n	%
a. 寒暄语	44	34.3	65	45.1	67	72.8	47	56.0	24	18.6
b. 自我介绍	17	13.3	74	51.4	38	41.3	60	71.4	6	4.7
c. 准备语 /预先提请语	21	16.4	44	30.6	15	16.3	30	35.7	16	12.5
d. 原因语	124	96.9	136	94.4	85	92.4	79	94	120	93.8
e. 松绑语	10	7.8	14	9.7	17	18.5	18	21.4	10	7.8
f. 强加度降低语	0	0	10	6.9	4	4.3	3	3.6	12	9.4
g . 道歉语	3	2.3	25	17.4	11	12	5	6	7	5.5

续表

h. 赞扬语	1	0.8	26	18.1	17	18.5	13	15.5	5	3.1
i. 致谢语	54	42.2	100	69.4	52	56.5	39	46.4	92	71.9
j. 要求／期望回复	3	2.3	8	5.6	25	27.2	10	11.9	6	4.7
k. 祝福语	3	2.3	10	6.9	7	7.6	8	9.5	4	3.1
l. 再次请求语	14	10.9	25	17.4	17	18.5	16	19	14	10.9
m. 强调语	5	3.9	15	10.4	21	22.8	16	19	15	11.7

表 5.13 呈现了高、低水平组及对照组请求外部修饰语使用频数和频率，该数据将被用作后续判定是否具备迁移发生前提条件以及确定是否发生迁移的基础。现基于表 5.13 中的数据，使用 LLX2 工具对高水平组—英语组、低水平组—英语组、维吾尔语组—英语组、汉语组—英语组进行对数似然率检验（LL 检验），依据检验结果判定高水平组、低水平组是否具备发生维吾尔语、汉语迁移的前提条件，结果如表 5.14、表 5.15 所示：

表 5.14　组间请求外部修饰语频数对数似然率检验（高水平组迁移前提条件）

请求外部修饰语	高水平组—英语组		维吾尔语组—英语组		汉语组—英语组	
	LL	p 值	LL	p 值	LL	p 值
a. 寒暄语 ☆	37.822	0.000*	5.970	0.015	15.099	0.000*
b. 自我介绍 ☆	37.708	0.000*	5.482	0.019	60.550	0.000*
c. 准备语／预先提请语	0.543	0.461	0.678	0.410	10.498	0.001*
d. 原因语	-0.011	0.918	0.066	0.798	0.003	0.953
e. 松绑语	4.880	0.027	0.000	1.000	0.282	0.595
f. 强加度降低语	-1.978	0.160	-16.636	0.000*	-0.494	0.482
g. 道歉语	2.706	0.100	-1.646	0.200	8.732	0.003*
h. 赞扬语 ☆	11.476	0.001*	-2.911	0.088	13.217	0.000*
i. 致谢语	-1.957	0.162	-10.005	0.002*	-0.057	0.812

j. 要求 / 期望回复	19.629	0.000*	-1.019	0.313	0.0997	0.752
k. 祝福语	2.118	0.146	-0.143	0.705	1.998	0.157
l. 再次请求语	2.123	0.145	0.000	1.000	1.985	0.159
m. 强调语	3.963	0.047	-5.232	0.022	-0.104	0.747

表 5.15　组间请求外部修饰语频数对数似然率检验（低水平组迁移前提条件）

请求外部修饰语	低水平组—英语组		维吾尔语组—英语组		汉语组—英语组	
	LL	*p* 值	LL	*p* 值	LL	*p* 值
a. 寒暄语 ☆	20.401	0.000*	5.970	0.015	15.099	0.000*
b. 自我介绍 ☆	76.935	0.000*	5.482	0.019	60.550	0.000*
c. 准备语 / 预先提请语 ☆	12.252	0.000*	0.678	0.410	10.498	0.001*
d. 原因语	0.000	0.983	0.066	0.798	0.003	0.953
e. 松绑语	6.920	0.009*	0.000	1.000	0.282	0.595
f. 强加度降低语	-2.652	0.103	-16.636	0.000*	-0.494	0.482
g. 道歉语	0.021	0.885	-1.646	0.200	8.732	0.003*
h. 赞扬语 ☆	7.845	0.005*	-2.911	0.088	13.217	0.000*
i. 致谢语	-5.514	0.019	-10.005	0.002*	-0.057	0.812
j. 要求 / 期望回复	3.400	0.065	-1.019	0.313	0.0997	0.752
k. 祝福语	3.572	0.059	-0.143	0.705	1.998	0.157
l. 再次请求语	2.297	0.130	0.000	1.000	1.985	0.159
m. 强调语	1.818	0.178	-5.232	0.022	-0.104	0.747

表 5.14 对数似然率统计结果显示，高水平组—英语组、汉语组—英语组均具有显著差异（*p*<0.01）的外部修饰语有三种，分别为：a. 寒暄语、b. 自我介绍、h. 赞扬语，表明具备汉语迁移的前提条件（用"☆"表示）；另外，未发现高水平组—英语组、维吾尔语组—英语组均具有显著差异（*p*<0.01）的外部修饰语，表明高水平组所有外部修饰语均不具备维吾尔语迁移的前提条件。同理，表 5.15 显示，低水平

组在 a. 寒暄语、b. 自我介绍、c. 准备语 / 预先提请语、h. 赞扬语等四种外部修饰语使用上具备汉语迁移的前提条件。

在明确具备汉语迁移的前提条件后，还需满足一定标准，才能最终认定是否存在汉语迁移（具体判定标准详见第三章第四节）。依据此判定标准，高水平组、低水平组请求外部修饰语中已习得语言迁移最终判定结果如表 5.16、表 5.17 所示：

表 5.16　　　　　　高水平组请求外部修饰语中维吾尔语、汉语迁移的表现

请求外部修饰语	维吾尔语组 %	汉语组 %	高水平组 %	英语组 %	高水平组—维吾尔语组		高水平组—汉语组		迁移表现
					LL	p 值	LL	p 值	
寒暄语 ★	34.3	45.1	72.8	19.6	—	—	7.496	0.006*	高 > 汉 > 英
自我介绍 ★	13.3	51.4	41.3	4.7	—	—	-1.224	0.268	高 = /≈ 汉
赞扬语 ★	0.8	18.1	18.5	3.1	—	—	0.005	0.941	高 = /≈ 汉

注：　"▲"表示存在维吾尔语迁移；"★"表示存在汉语迁移；最右侧一栏中维、汉、
　　　高、英分别代表维吾尔语组、汉语组、高水平组、英语组。

表 5.17　　　　　　低水平组请求外部修饰语中维吾尔语、汉语迁移的表现

请求外部修饰语	维吾尔语组 %	汉语组 %	低水平组 %	英语组 %	低水平组—维吾尔语组		低水平组—汉语组		迁移表现
					LL	p 值	LL	p 值	
寒暄语 ★	34.3	45.1	56.0	18.6	—	—	1.241	0.265	低 = /≈ 汉
自我介绍 ★	13.3	51.4	71.4	4.7	—	—	3.536	0.060	低 = /≈ 汉
准备语/预先提请语 ★	16.4	30.6	35.7	12.5	—	—	0.429	0.512	低 = /≈ 汉

赞扬语 ★	0.8	18.1	15.5	3.1	—	—	-0.209	0.647	低 = /≈汉

注："▲"表示存在维吾尔语迁移；"★"表示存在汉语迁移；最右侧一栏中维、汉、低、英分别代表维吾尔语组、汉语组、低水平组、英语组。

　　表5.16、表5.17显示，高水平组在寒暄语、自我介绍、赞扬语使用上存在汉语迁移，低水平组在寒暄语、自我介绍、准备语/预先提请语、赞扬语使用上存在汉语迁移。下文将结合表5.13，对高、低水平组请求外部修饰语使用中已习得语言的迁移情况进行描述。

　　首先，在寒暄语使用上，高水平组使用频率为72.8%，低水平组为56.0%，高水平组、低水平组寒暄语的使用频率均远高于英语组（18.6%）。表5.16、表5.17统计结果显示，高水平组、低水平组在寒暄语使用上存在汉语迁移。值得注意的是，在寒暄语使用上，汉语组使用频率高于英语组，而高水平组、低水平组的使用频率甚至比汉语组还要高（汉语组使用频率为45.1%），存在语用迁移过度现象（卢加伟，2010）。说明高水平组、低水平组在寒暄语使用上倾向于汉语表达，汉语语用规则对其影响深，语用迁移程度非常大。另外，高水平组寒暄语使用频率高于低水平组，可能的原因是虽然两组同受汉语影响，但英语水平较高的高水平组能够用目标语（英语）较为流利地表达出汉语的语用知识或策略，因此也表现出更多的语用迁移。

　　其次，在自我介绍语使用上，高水平组使用频率为41.3%，低水平组为71.4%，汉语组为51.4%，这三组的自我介绍语使用频率均远高于英语组（英语组使用频率为4.7%）。表5.16、表5.17统计结果显示，高水平组、低水平组在自我介绍语使用上均受汉语影响。另外，与寒暄语情况类似，在自我介绍语的使用上，低水平组使用频率高于汉语组，存在语用迁移过度现象。

再次，在准备语／预先提请语使用上，低水平组使用频率为35.7%，高水平组为16.3%，英语组、汉语组的使用频率分别为12.5%、30.6%。相比较而言，低水平组的使用频率与汉语组更为接近。表5.16、表5.17统计结果显示，低水平组在准备语／预先提请语使用上受汉语影响，而高水平组则不存在维吾尔语、汉语迁移。

另外，在赞扬语使用上，高水平组使用频率为18.1%，低水平组为15.5%，两组的赞扬语使用频率均高于英语组（英语组使用频率为3.1%）。表5.16、表5.17统计结果显示，高水平组、低水平组在赞扬语使用上都存在汉语迁移。从使用频率上看，高水平组略高于低水平组，但两组使用频率相差不大，没有显著差异。另外，从赞扬语使用情境分布及具体内容来看，高水平组、低水平组均表现出与汉语相似的特征，因在第三章第三节中已阐述，故此处不再赘述。

综上所述，高水平组、低水平组在请求外部修饰语的使用上均不同程度受已习得语言的影响，但这种影响主要来自汉语。另外，相对于高水平组，低水平组受已习得语言的影响更大一些，主要表现在：在准备语／预先提请语使用上，统计结果显示，低水平组存在迁移，而高水平组则未发现汉语迁移。

第四节　小结与讨论

本章通过对比高水平组、低水平组与对照组的请求言语行为，从请求策略形式、请求内部修饰语、请求外部修饰语三个层面报告和分析了维吾尔族学生英语水平与已习得语言迁移的关系，主要研究发现如下：

表 5.18　　　　高、低水平组请求言语行为中已习得语言迁移情况一览表

请求言语行为		高水平组		低水平组	
		维吾尔语	汉语	维吾尔语	汉语
请求策略形式	a. 直接询问型				
	b. 语气引导型			▲	★
	c. 显性施为动词型				
	d. 模糊施为动词型				
	e. 义务陈述型				
	f. 需要陈述型	▲	★	▲	★
	g. 建议表达型				
	h. 探询型	▲	★	▲	★
	i. 暗示型				
请求内部修饰语	a. 主观意向语				
	b. 微量语				
	c. 降调语	▲	★	▲	★
	d. 呼证语				
	e. 礼貌标记语			▲	★
	f. 称呼语				
	g. 尊称代词				
	h. 动词重叠				
	i. 语气词				
	j. 疑问句	▲	★	▲	★
	k. 过去时	▲	★	▲	★
	l. 进行体	▲	★	▲	★
	m. 条件从句				
	n. 先决条件否定				

续表

			★		★
	a. 寒暄语		★		★
	b. 自我介绍		★		★
	c. 准备语 / 预先提请语				★
	d. 原因语				
请求外部修饰语	e. 松绑语				
	f. 强加度降低语				
	g. 道歉语				
	h. 赞扬语		★		★
	i. 致谢语				
	j. 要求 / 期望回复				
	k. 祝福语				
	l. 再次请求语				
	m. 强调语				

注："▲"表示存在维吾尔语迁移；"★"表示存在汉语迁移。

表 5.18 归纳了高水平组和低水平组英语请求言语行为中已习得语言迁移情况。

如表 5.18 所示，在请求策略形式方面，在九种策略形式中，高水平组有两种形式存在维吾尔语、汉语迁移，具体为：需要陈述型和探询型；低水平组共有三种形式受维吾尔语、汉语影响，分别为：语气引导型、需要陈述型和探询型。可见，高水平组和低水平组在需要陈述型、探询型这两种策略形式上都存在维吾尔语、汉语迁移，这是两组的共性。两组的不同在于：第一，低水平组的语气引导型使用频率远高于高水平组，本章第一节统计结果显示，低水平组在语气引导型使用上存在维吾尔语、汉语迁移，而高水平组则不存在维吾尔语、汉语迁移；第二，虽然两组在需要陈述型和探询型方面都存在维吾尔语、汉语迁移，但低水平组这两种策略形式的使用频率均高于高水平组，低水平组的使用频率更接近维吾尔语组和汉语组，而高水平组的使用频率则更接近英语组；第三，从具体内容上看，高水平组、低水平组在探询型表达形式使用上也存在一定差异，低水平组倾向于使用"Can you...?"，高水平组使用的探询型表达相对更为多样化，与英语组更为接近；第四，暗示型在高水平组中出现5例，在低水平组中则没有出现，显性施为动词型则正相反，在低水平组中出现2例，而在高水平组中则没有使用。

在请求内部修饰语方面，高水平组在十四种内部修饰语中有四种存在维吾尔语、汉语迁移，分别是：降调语、疑问句、过去时和进行体；低水平组有五种内部修饰语形式存在维吾尔语、汉语迁移，具体为：降调语、礼貌标记语、疑问句、过去时和进行体。高水平组、低水平组存在共同点，即在降调语、疑问句、过去时和进行体等四种内部修饰语形式上都存在维吾尔语、汉语迁移。两组的不同点主要表现在：第一，低水平组礼貌标记语使用频率高于高水平组，比较而言，低水平组礼貌标记语使用频率与维吾尔语组、汉语组更为接近，而高水平组则与英语组使用频率更为接近。本章第二节统计结果显示，低水平组在礼貌标记语方面受维吾尔语、汉语迁移影响，而高水平组则不存在维吾尔语、汉语迁移。第二，虽然两组在过去时使用上都存在维吾尔语、汉语迁移，但高水平组过去时使用频率高于低水平组，相对而言，高水平组的使用频率更接近英语组。

在请求外部修饰语使用方面，高水平组在寒暄语、自我介绍、赞扬语等三种形式使用上存在汉语迁移，低水平组在寒暄语、自我介绍、准备语/预先提请语、赞扬语等四种外部修饰语形式使用上存在汉语迁移。可见，高水平组和低水平组在请求外部修饰语方面的影响均来自汉语，未发现维吾尔语迁移现象，且汉语中的寒暄语、自我介绍、赞扬语等三种外部修饰语表达对高水平组、低水平组均产生了影响。但两组在请求外部修饰语中已习得语言迁移方面还存在差异，主要体现在准备语/预先提请语使用方面，低水平组的准备语/预先提请语使用频率远高于高水平组，比较而言，低水平组的使用频率与汉语组更为接近，本章第三节统计结果显示，低水平组在准备语/预先提请语使用上受汉语影响，而高水平则不存在维吾尔语、汉语迁移。

以上对高水平组、低水平组请求言语行为中已习得语言迁移情况进行了总结。可以看出，高水平组、低水平组均不同程度受已习得语言影响，但总体来看，相对于高水平组，低水平组似乎更倾向于将维吾尔语、汉语中的形式迁移至他们的英语请求言语行为中。维吾尔族学生的英语（三语）水平与已习得语言迁移的关系基本成负相关，即语用迁移的程度随着学习者语言水平的提高而减少。

如在第二章所述，目前有关目标语水平与语用迁移的关系基本都是在二语习得层面展开的。学习者二语水平与语用迁移的关系仍存有争议，主要观点可概括如下：二者呈正相关，二者呈负相关，二者没有明显的相关关系，二者呈倒 U 型关系等（详见第二章第三节）。

本研究主要探讨的是三语水平与已习得语言迁移之间的关系。本研究的发现支持第二种观点，即目标语水平与语用迁移呈负相关，与 Takahashi & DuFon（1989）、Robinson（1992）、Maeshibad *et al.*（1996）、朱德光（2013）的研究发现一致。本研究发现，低水平组的英语请求言语行为受已习得语言影响更大，维吾尔族学生的英语水平与已习得语言迁移基本呈负相关。

另外，这一结果验证了三语习得领域 Dewaele（1998）提出的三语水平与已知语言迁移呈负相关关系的结论。Dewaele（1998）研究发现，三语习得者目标语（即三语）水平越低，他们会越更多依赖已知语言（背景语言），发生母语或二语的迁移；随着学习者三语水平的不断提高，这种依赖性会减弱，母语或二语迁移也会逐渐减少。同时，本研究的发现也与 Hammarberg（2001）的研究结论一致。Hammarberg（2001）发现，随着学习者三语水平的提高，母语的工具功能逐渐减少，二语的供应功能也随之降低。

第五节　本章小结

在本章中，研究者通过对比高水平组、低水平组与对照组的请求言语行为，从请求策略形式、请求内部修饰语和请求外部修饰语三个层面报告和讨论了维吾尔族学生英语水平与已习得语言迁移的关系。

在请求策略形式方面，高水平组、低水平组在需要陈述型和探询型使用上都存在维吾尔语、汉语迁移。但低水平组这两种策略形式的使用频率更接近维吾尔语组和汉语组，而高水平组的使用频率则更接近英语组；另外，高水平组使用的探询型表达形式比低水平组更为多样化；再次，低水平组的语气引导型使用频率远高于高水平组，低水平组在语气引导型使用上存在维吾尔语、汉语迁移，而高水平组则不存在维吾尔语、汉语迁移。

在请求内部修饰语方面，高水平组、低水平组在降调语、疑问句、过去时和进行体等四种形式均存在维吾尔语、汉语迁移。但高水平组过去时使用频率高于低水平组，相对而言，高水平组的使用频率更接近英语组。另外，低水平组在礼貌标记语方面受维吾尔语、汉语影响，而高水平组则不存在维吾尔语、汉语迁移。

在请求外部修饰语使用方面，迁移主要来自汉语，汉语中的寒暄语、自我介绍语和赞扬语等三种外部修饰语表达对高水平组、低水平组均产生了影响。两组的不同主要体现在：低水平组在准备语／

预先提请语使用上受汉语影响，而高水平组则不存在维吾尔语、汉语迁移。

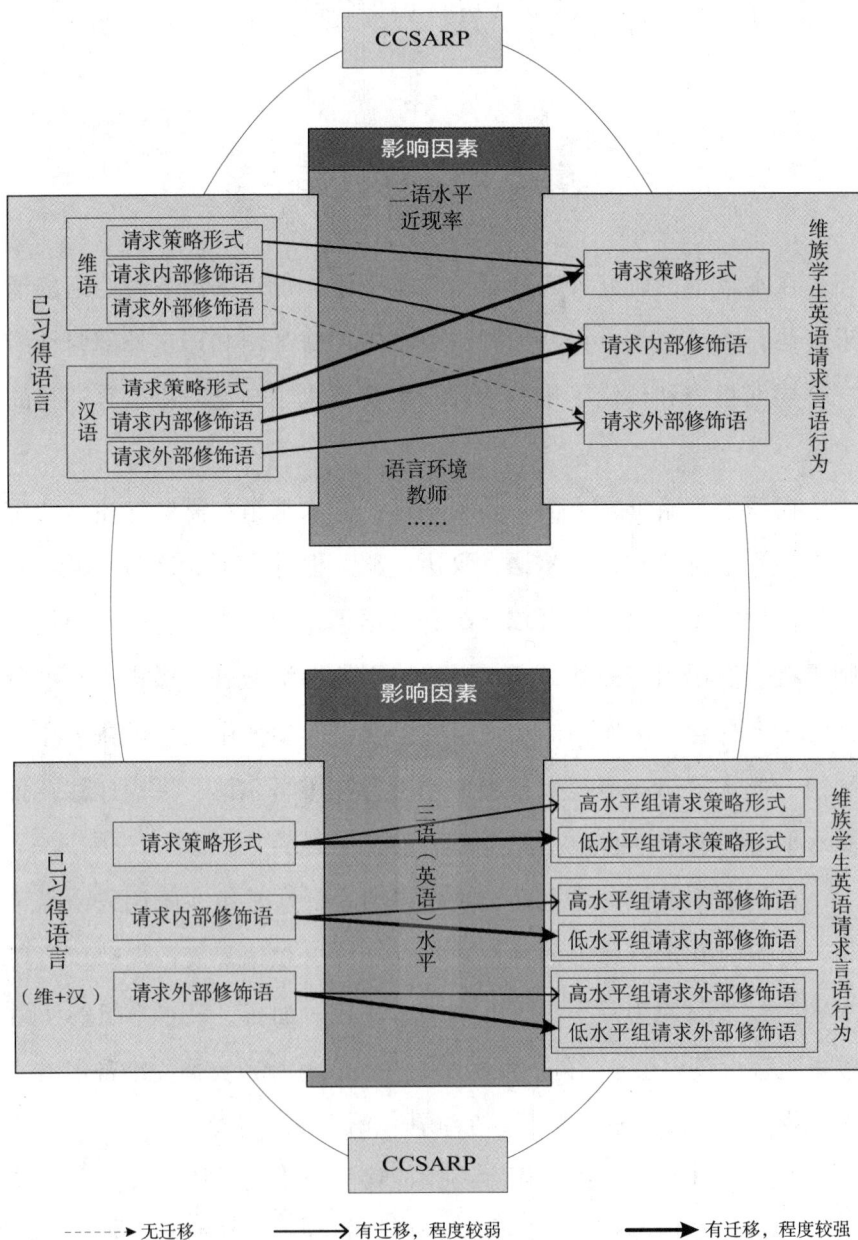

图 5.1 本研究的主要研究发现

可见，高水平组、低水平组均不同程度受已习得语言影响，但总体来看，低水平组的英语请求言语行为受已习得语言影响更大，维吾尔族学生的英语水平与已习得语言迁移基本呈负相关。

图 5.1 较为直观地呈现了本研究的主要研究发现，并与第二章第四节的概念框架形成呼应。

下一章将总结本研究的主要发现，回答研究问题，陈述本研究的贡献与启示，指出本研究的局限性，并对未来研究提出建议。

第六章　结论

本章为本书最后一章，将对本研究的主要发现进行总结，回答研究问题，就研究的贡献与启示进行讨论，分析本研究的局限性，并提出对未来研究的展望。

第一节　研究发现

本研究依据 Blum-Kulka *et al.*（1989）CCSARP 框架，采用定量和定性分析相结合的方法，对内地高校维吾尔族英语学习者（即三语者）英语请求言语行为中的维吾尔语、汉语语用迁移现象进行了研究。

研究发现主要体现在两个方面，与本研究的两个大的研究问题形成了一一解答的对应关系。下面将对主要研究问题和研究发现进行具体阐释说明。

一、维吾尔语、汉语对维吾尔族学生英语请求言语行为产生了怎样的影响？具体表现在哪些方面？维吾尔族学生英语请求言语行为受哪种语言影响较大，维吾尔语还是汉语？为什么？

针对这一研究问题，本研究发现，维吾尔族学生在用英语实施请求时，先前习得的两种语言（维吾尔语和汉语）都会对其英语请求言语行为产生影响，相对而言，二语（汉语）的影响更大。

具体来看，在请求策略形式方面，维吾尔族英语学习者在语气引导型、需要陈述型和探询型三种形式使用上均存在维吾尔语、汉语迁移；在请求内部修饰语方面，学习者在降调语、礼貌标记语、疑问句、过去时和进行体等五种内部修饰语使用上同时受维吾尔语、汉语影响。可见，维吾尔族英语学习者在请求策略形式和请求内部修饰语使用上，维吾尔语、汉语的影响确实存在，但呈现复杂特征，难以明确判断语用迁移究竟是源于维吾尔语还是汉语，但从使用频率来看，三语组与汉语组使用频率更为接近，表现出更大的一致性。在请求外部修饰语使用上，三语组则主要受汉语影响，具体表现为在自我介绍语、寒暄语、道歉语和赞扬语等四种外部修饰语使用上存在汉语迁移。汉语对维吾尔族英语学习者英语请求言语行为的影响更大，这是二语水平、近现率、语言环境及英语教师等因素共同作用的结果。

二、维吾尔族学生英语水平与已习得语言迁移之间的关系如何？具体表现在哪些方面？

本研究的另一目的是探讨维吾尔族学生英语水平与已习得语言（维吾尔语和汉语）迁移之间的关系。研究发现，相对于高水平组，低水平组英语请求言语行为受已习得语言影响更大，维吾尔族学生的英语水平与已习得语言迁移基本呈负相关。

具体而言，在请求策略形式方面，高水平组、低水平组在需要陈述型和探询型使用上均存在维吾尔语、汉语迁移，但低水平组的使用频率更接近维吾尔语组和汉语组，而高水平组的使用频率则更接近英语组；另外，高水平组使用的探询型表达形式比低水平组更为多样化；再次，低水平组的语气引导型使用频率远高于高水平组，低水平组在该形式使用上存在维吾尔语、汉语迁移，而高水平组则不存在。

在请求内部修饰语方面，高水平组、低水平组在降调语、疑问句、过去时和进行体等四种形式使用上均存在维吾尔语、汉语迁移。但高水平组过去时使用频率高于低水平组，相对而言，高水平组的使用频率更接近英语组。另外，低水平组在礼貌标记语方面存在维吾尔语、汉语迁移，而高水平组则不存在。

在请求外部修饰语使用方面，汉语中的寒暄语、自我介绍语、赞扬语等三种表达对高水平组、低水平组均产生了影响，但准备语/预先提请语仅对低水平组产生了影响。

第二节　研究贡献与启示

一　理论与方法论贡献

从理论和研究方法来看，本研究对三语习得理论和语用迁移研究的贡献主要如下：

（一）丰富和发展了三语习得理论研究

语言迁移是三语习得研究的核心问题，但目前三语习得中语言迁移研究范围较窄，词汇迁移研究最多，句法和语义次之。三语语用迁移方面的研究非常有限，且有限的几项研究存在样本过小的问题，尚未有关于学习者三语水平与已习得语言语用迁移方面的研究。另外，以往的三语习得语言迁移研究主要考察的是印欧语言，语言类型距离并不是很明显，涉及其他语系语言的研究十分必要（俞理明等，2012）。而汉语和我国少数民族语言是非印欧语言，与印欧语言有很大差异。

本研究将三语习得语言迁移研究拓展到语用层面，以我国少数民族英语学习者为研究对象，采用电子邮件写作任务和回顾性访谈收集数据，从使用频数和内容两个方面分析了维吾尔语、汉语对维吾尔族英语学习者英语请求言语行为产生的影响，并尝试性分析了三语（英语）水平与已习得语言迁移的关系。因此，本研究的研究内容和结果为三语习得研究提供了新的视角，在一定程度上丰富和发展了三语习得理论研究。

（二）为语用迁移研究提供了新的研究思路和方法

首先，本研究采用了电子邮件写作任务（EWT）和回顾性访谈相结合的方法收集数据。以往的语用迁移研究多采用话语补全任务（DCT）这一单一工具收集数据，本研究则采用 EWT 和回顾性访谈两种研究工具收集数据。作为主要工具的 EWT，是传统 DCT 的一种"变体"，它既保留了 DCT 的优势，同时又避免了 DCT 通过书面形式收集口语语料的缺陷。此外，研究中还通过回顾性访谈收集数据。回顾性访谈是二语语言迁移研究中重要的研究工具之一，但在语用迁移研究方面应用很少。在本研究数据收集和分析方面，回顾性访谈是对 EWT 的重要补充，结果说明，定性分析的数据比定量分析的数据能解释出更多有价值的信息，通过回顾性访谈获取三语组（维吾尔族英语学习者）内省数据，有助于更深入了解学习者用英语实施请求时的思维过程，从而更为客观地揭示维吾尔语、汉语对其英语请求产生的影响。同时，本研究也说明，定量研究与定性研究的有机结合比单一的定量或定性研究更加有效。

其次，构建了三语语用迁移判断标准。语用迁移研究需要设定用以确认迁移是否出现的标准。以往的语用迁移判定标准均是针对二语语用迁移提出的，且存在可操作性差及未能使用统计手段进行分析等不足；迄今为止，并没有三语的语用迁移判定标准。鉴于此情况，本研究尝试性地构建了三语语用迁移判断标准，并用于对各组语料进行频数/频率的比较与分析。此标准对未来的语用迁移研究尤其是三语语用迁移具有一定的参考价值。

二　教育实践启示

除理论与方法论贡献外，本研究结果对于目前的语用教学以及少数民族学生的外语教育教学具有一定的实践启示。

（一）对语用教学的启示

从前面的结果与讨论可以看出，三语组的英语请求言语行为中存在维吾尔语、汉语负迁移，即使是高水平学习者，他们在实施请求的过程中也存在使用不符合英语目标语规范的情况。

另外，通过访谈了解到，学习者并没有接受过语用方面的教学，很少注意到维吾尔语、汉语本族语者和英语本族语者实施请求言语行为是否存在区别，并不清楚如何实施英语请求言语行为才是得体的。和母语为汉语的英语学习者类似，维吾尔族英语学习者在英语学习过程中更为重视语法和词汇的学习，忽视包括请求言语行为在内的言语行为的实施，未能将注意力投放于用来实施言语行为的语言形式和语用策略上，因此影响了他们语用能力的发展。

言语行为是语用能力的主要体现形式之一，鉴于此，语用教学的重要性不言而喻。近年来，语用教学越来越受到重视，并出现了一些卓有成效的研究成果（如卢加伟，2013a，2013b；李燕、姜占好，2014；杨仙菊，2015）。卢加伟（2013b）制定了完整的课堂语用教学方案，将言语行为作为主要教学内容，研究表明，语用教学对学习者语用能力发展有积极作用。另外，杨仙菊（2015）强调语用教学应以学习者为中心，提出"学习者作为人种志研究者"的语用教学方法。

根据本研究的发现，并结合上述语用教学的研究成果，本研究认为，对包括维吾尔族学生在内的英语学习者进行语用教学具有必要性和可行性，应通过灵活、多样的语用教学方式，提高学习者的语用意识及交际中的互动能力，从而促进学习者整体语用能力的发展。

（二）对少数民族学生外语教育教学的启示

本研究的研究发现对我国少数民族学生尤其是维吾尔族学生的外语教育教学具有启示意义，具体如下：

首先，开设英语课程时应充分考虑学生的汉语水平。

从目前情况看，除个别学校外，大多数包括维吾尔族在内的少数民族学生是通过汉语来学习英语的。本研究中的三语组调查对象小学阶段所有科目均使用维吾尔语授课，加授汉语文；初中阶段所有科目或文科科目使用维吾尔语授课。约70%的学生在进入内地读高中后才开始学习英语，且通过汉语来学习英语。由于汉语基础薄弱，这些学生在英语学习初期面临了极大挑战。受访者在谈到自己高中预科阶段英语学习经历时，表示"特别吃力"、"压力非常大"，其中一个重要的原因就是：对于他们来说，"汉语本身就是一门外语，相当于用一门外语来学习另外一门外语"。这个情况持续了近一个学期，随着他们汉语水平提高，才逐渐得到好转。

鉴于上述情况，本研究建议，对少数民族学生来说，如果以汉语为媒介学习英语，应该在学生汉语达到一定水平情况下开设英语课程。曾丽（2011a）指出，少数民族地区开设三语外语（主要是英语）的前提是学习者必须已是平衡双语者，在开设三语之前加强汉语教学是根本。如果在学生尚未熟练掌握汉语或汉语能力较差时开设英语课程，会对其认知系统产生负面影响，直接影响其英语学习效果。近几年，随着少数民族地区双语教育的推广，少数民族学生的汉语水平有了一定的提升，同时上述地区英语课程开始时间亦有提前的趋势。本研究认为，如果通过汉语学习英语，各地、各校在决定是否或者何时开设英语课程要充分考虑学习者的汉语水平。唯有这样，作为多语者的少数民族学生才能发挥其在外语学习方面的优势。

其次，应充分发挥母语在学习者英语学习中的作用。

本研究中，多数三语组调查对象认为，相对于汉语，其母语维吾尔语与英语之间语言距离更近，尤其在语音和词汇方面。有多位受访者在访谈中表示，由于维吾尔语与英语两种语言更为相似，因此希望在英语学习过程中尤其是学习初期，由维吾尔族教师用母语讲授英语。通过母语维吾尔语来学习英语，一方面可以将维吾尔语和英语建立有机的联系，提高英语学习的效果；另一方面，可以在一定程度上降低学生英语学习的焦虑，尤其是在学生汉语不熟练的情况下。文华俊（2013）调查也发现，用维吾尔语进行英语教学更受学生欢迎，效果更好。

若充分发挥母语在学习者英语中的积极作用，必须加强维吾尔族等少数民族英语教师的培养，尤其应加强小学、中学阶段维吾尔族英语教师的培养。目前，少数民族地区多数外语教师无法满足不同民族背景、不同三语水平的学生学习的需求。民族地区理想的外语教师应掌握三种语言—民族语言、汉语和英语，实施三语教学（曾丽，2011a）。除培养少数民族语、汉语、英语兼通的三语教师外，在可能的情况下，可以考虑开发以少数民族语言为中介语的英语教材或工具书。另外，对于少数民族学生而言，在国家推行双语教育的大背景下，在学好汉语的同时，还应加强自己本民族语言的学习。这些将对提高包括维吾尔族学生在内的少数民族学生的整体英语水平具有重要意义。

第三节　研究局限和未来研究建议

本研究分析了维吾尔语、汉语对维吾尔族英语学习者英语请求言语行为的影响，以及学习者英语水平与已习得语言迁移之间的关系。虽然研究结果在一定程度上丰富了三语习得理论和语用迁移研究，并对少数民族学生的外语教育教学实践有一定的启示，但受个人研究能力与研究视野的限制，本研究在调查对象、研究工具、研究内容方面还存在一些不足之处，有待在未来的研究中进一步完善。

一　调查对象和研究工具

首先，调查对象人数偏少。由于本研究涉及四组调查对象，且分布在英国、中国新疆及东北等多个地区，调查难度大。因此，除三语组人数达到 92 人外，三个本族语者组人数均未超过 40 人；为尽可能拉大三语组调查对象的英文水平差距，仅取前 23 人和后 21 人分别组成高水平组和低水平组；另外，仅对 6 名三语组学生进行了回顾性访谈。虽然调查对象的人数能满足研究的需要，但如果能够增加调查样本的数量，本研究结果的可信度将得到提高。

其次，对三语组调查对象的汉语水平缺乏科学的控制标准。本研究中汉语水平是控制变量，但研究者对三语组汉语水平的评判主要依据他们的教育背景，尤其是学习汉语的时间以及在内地学习、生活的时间，这可能与他们真实的汉语水平有所不同。本研究虽然尽可能控制调查者的汉语水平，但由于他们来自新疆不同地区，地区、教育背景差异以及个体因素等都会对其汉语水平产生影响，因此不可否认，三语组调查对象间的汉语水平还可能存在一定差异。

如果能够有科学和统一的控制标准，如对学生的汉语水平组织测试，研究结果则会更有说服力。

再次，未能收集真实语境中的自然语料。本研究中语料的主要收集工具是电子邮件写作任务（EWT），虽然同传统 DCT 相比，该工具有一定的优势，但它与 DCT 一样都是通过"引发法"收集语料，而非自然语料。未来研究可以考虑收集真实交际中完成的电子邮件作为语料，增加研究的有效性和可靠性。

二　研究内容方面

首先，仅关注了语用语言层面的迁移。语用迁移可分为语用语言迁移和社交语用迁移（Kasper, 1992）。本研究只对语用语言方面的迁移进行了分析和讨论，未能涉及社交语用层面迁移，研究内容有待丰富。除社交语用迁移外，今后的研究还可以关注语篇方面的迁移。

其次，未能将其他言语行为纳入研究范围。本研究重点考察了三语者实施请求言语行为过程中的语用迁移现象，所得出的结论仍有待于其他言语行为研究提供进一步的证据加以验证。未来的研究可以考虑扩大研究范围，开展道歉言语行为、拒绝言语行为等其他言语行为的实证研究，以丰富三语语用迁移研究。

再次，对三语（英语）水平与已习得语言迁移关系的分析有待深入。本研究根据三语组调查对象的英语水平将其分为高水平组和低水平组，尝试分析了三语水平与已习得语言迁移两者之间的关系。但由于三语语用迁移本身的复杂性以及研究者研究能力有限，本研究仅概括性比较了高水平组、低水平组在已习得语言（维吾尔语、汉语）迁移方面的不同，并未对两个水平组中维吾尔语、汉语两种语言迁移程度的不同进行深入细致的比较分析，例如哪个组更易受维吾尔语影响，哪个组更易受汉语影响，这可以作为后续研究的一个方向。再者，对三语水平与已习得语言迁移关系的分析以定量分析为主，对访谈数据的定性分析比较有限，这也需要在未来研究中进一步探索。另外，除三语水平外，二语水平也会对三语语用迁移产生影响。但本研究中二语水平是控制变量，所以未将二语水平纳入研究范围。未来的三语语用迁移研究可以考虑将二语水平作为变量，根据二语水平将三语者分为高水平组、低水平组，以考察二语水平在语用迁移中的作用。

参考文献

Achiba, M., *Learning to Request in a Second Language: A Study of Child Interlanguage Pragmatics*, Clevedon: Multilingual Matters, 2003.

Amaro, J., "Testing the Phonological Permeability Hypothesis: L3 phonological effects on L1 versus L2 systems", *International Journal of Bilingualism*, Vol. 21, No. 6, 2017, pp. 698-717.

Amaro, J., S. Flynn & Rothman, J., *Third Language Acquisition in Adulthood*, London: John Benjamins, 2012.

Angelovska, T. & Hahn, A., *L3 Syntactic Transfer: Models, New Developments and Implications*, Amsterdam: John Benjamins, 2017.

Bardel, C. & Falk, Y., "The role of the second language in third language acquisition: The case of Germanic syntax", *Second Language Research*, Vol. 23, No. 4, 2007, pp. 459-484.

Barron, A., *Acquisition in Interlanguage Pragmatics: Learning How to Do Things with Words in a Study Abroad Context*, Amsterdam: John Benjamins, 2003.

Bayona, P., "The acquisition of Spanish middle and impersonal passive construction from SLA and TLA perspectives", In Y. Leung (Ed.), *Third Language Acquisition and Universal Grammar*, Bristol: Multilingual Matters, 2009, pp. 1-29.

Beebe, L., T. Takahashi & Uliss-Weltz, R., "Pragmatic transfer in ESL refusals", In R. Scarcella, E. Andersen & S. Krashen (Eds.), *Developing Communicative Competence in Second Language*, New York: Newbury House, 1990, pp. 55-73.

Bergman, M. & Kasper, G., "Perception and performance in native and nonnative apology", In G. Kasper & S. Blum-Kulka (Eds.), *Interlanguage Pragmatics*,

New York: Oxford University Press, 1993, pp. 82-107.

Blum-Kulka, S., "Learning to say what you mean in a second language: A study of the speech act performance of learners of Hebrew as a second language", *Applied Linguistics*, Vol. 3, No. 1, 1982, pp. 29-59.

Blum-Kulka, S., "Indirectness and politeness in requests: Same or different?", *Journal of Pragmatics*, Vol. 11, No. 2, 1987, pp. 131-146.

Blum-Kulka, S., J. House & Kasper, G., *Cross-Cultural Pragmatics: Requests and Apologies*, Norwood: Ablex Publishing Corporation, 1989.

Bou-Franch, P., "Pragmatic transfer", In P. Bou-Franch (Ed.), *The Encyclopedia of Applied Linguistics*, Massachusetts: Blackwell Publishing Ltd., 2012.

Brown, P. & Levinson, S., "University in language use: Politeness phenomena", In E. Goody (Ed.), *Questions and Politeness: Strategies in Social Interaction*, Cambridge: Cambridge University Press, 1978, pp. 56-289.

Brown, P. & Levinson, S., *Politeness: Some Universals in Language Usage*, Cambridge: Cambridge University Press, 1987.

Byon, A., "Sociopragmatic analysis of Korean requests: Pedagogical settings", *Journal of Pragmatics*, Vol. 36, No. 9, 2004, pp. 1673-1704.

Cenoz, J., "The effect of linguistic distance, L2 status and age on cross-linguistic influence in third language acquisition", In J. Cenoz, B. Hufeisen & U. Jessner (Eds.), *Cross-linguistic Influence in Third Language Acquisition: Psycholinguistic Perspectives*, Clevedon: Multilingual Matters, 2001, pp. 8-20.

Cenoz, J., "The influence of bilingualism on third language acquisition: Focus on multilingualism", *Language Teaching*, Vol. 46, No. 1, 2013, pp. 71-86.

Cenoz, J. & Genesee, F., *Beyond Bilingualism: Multilingualism and Multilingual Education*, Clevedon: Multilingual Matters, 1998.

Cenoz, J., Hufeisen, B. & Jessner, U., *Cross-linguistic Influence in Third Language Acquisition: Psycholinguistic Perspectives*, Clevedon: Multilingual Matters, 2001.

Cenoz, J., Hufeisen, B. & Jessner, U., *The Multilingual Lexicon*, Dordrecht: Kluwer Academic Publishers, 2003.

Cenoz, J. & Jessner, U., *English in Europe: The Acquisition of a Third Language*, Clevedon: Multilingual Matters, 2000.

Cenoz, J. & Lindsay, D., "Teaching English in primary school: A project to introduce a third language to eight-year olds", *Language and Education*, Vol. 8, No. 4, 1994, pp. 201-210.

Chen, R., He, L. & Hu, C., "Chinese requests: In comparison to American and Japanese requests and with reference to the 'East-West divide'", *Journal of Pragmatics*, Vol. 55, 2013, pp. 140-161.

Chiang, B. & Pochtrager, F., "A pilot study of compliment responses of American-born English speakers and Chinese-born speakers", ERIC No: ED356649, 1993.

Chin, D. H., "The influence of L2 proficiency on acquiring L3 aspect", Paper presented on the 1st International Conference on Multilingualism (ICOM), 2008.

Cohen, A. & Olshtain, E., "Developing a measure of socio-culture competence: The case of apology", *Language Learning*, Vol. 31, No. 1, 1981, pp. 113-134.

Creswell, J. W., *Research Design: Qualitative, Quantitative, and Mixed Methods Approaches*, Thousand Oaks: Sage Publications, Inc., 2009.

De Angelis, G., "Interlanguage transfer of function words", *Language Learning*, Vol. 55, No. 3, 2005a, pp. 379 - 414.

De Angelis, G., "Multilingualism and non-native lexical transfer: An identification problem", *International Journal of Multilingualism*, Vol. 2, No. 1, 2005b, pp. 1-25.

De Angelis, G., *Third or Additional Language Learning*, Clevedon: Multilingual Matters, 2007.

De Angelis, G. & Selinker, L., "Interlanguage transfer and competing linguistic systems in the multilingual mind", In J. Cenoz, B. Hufeisen & U. Jessner (Eds.), *Cross-linguistic Influence in Third Language Acquisition: Psycholinguistic Perspectives*, Clevedon: Multilingual Matters, 2001, pp. 42-58.

De Bot, K., "The multilingual lexicon: Modelling selection and control", *International Journal of Multilingualism*, Vol. 1, No., 1, 2004, pp. 17-32.

DeCapua, A., *An Analysis of Pragmatic Transfer in the Speech Act of Complaints as Produced by Native Speakers of German in English*, New York: Colombia University, 1989.

Dewaele, J., "Lexical inventions: French interlanguage as L2 versus L3", *Applied Lin-*

guistics, Vol. 19, No. 4, 1998, pp. 471-490.

Economidou-Kogetsidis, M., "Interlanguage request modification: The use of lexical/ phrasal downgraders and mitigating supportive moves", *Multilingual*, Vol. 28, No. 1, 2008a, pp. 79-112.

Economidou-Kogetsidis, M., "Internal and external mitigation in interlanguage request production: The case of Greek learners of English", *Journal of Politeness Research*, No. 4, 2008b, pp. 111-138.

Ellis, R., *The Study of Second Language Acquisition*, Oxford: Oxford University Press, 1994.

Ellis, R., *Second Language Acquisition*, Oxford: Oxford University Press, 1997.

Faerch, C. & Kasper, G., "Internal and external modification in interlanguage request realization", In S. Blum-Kulka, J. House & G. Kasper (Eds.), *Cross-cultural Pragmatics: Request and Apologies*, Norwood: Ablex Publishing Corporation, 1989, pp. 221-247.

Falk, Y. & Bardel, C., "The study of the role of the background languages in third language acquisition", *International Review of Applied Linguistics in Language Teaching*, Vol. 48, 2010, pp. 185-220.

Fallah, N., Jabbari, A. & Fazilatfar, A., "Source(s) of syntactic cross-linguistic influence (CLI): The case of L3 acquisition of English possessives by Mazandarani–Persian bilinguals", *Second Language Research*, Vol. 32, No. 2, 2016, pp. 225–245.

Flynn, S. & Foley, C., "The cumulative-enhancement model for language acquisition: Comparing adults' and children's patterns of development in first, second and third language acquisition of relative clauses", *The International Journal of Multilingualism*, Vol. 1, No. 1, 2004, pp. 3-16.

Foote, R., "Transfer in L3 acquisition: The role of Typology", In Y. Leung (Ed.), *Third Language Acquisition and Universal Grammar*, Clevedon: Multilingual Matters, 2009, pp. 89-114.

Fouser, R. J., "Creating the third self: Pragmatic transfer in third language acquisition", *The Irish Yearbook of Applied Linguistics*, No. 15, 1995a, pp. 49-58.

Fouser, R. J., "Problems and prospects in third language acquisition research", *Lan-*

guage Research, Vol. 31, No. 2, 1995b, pp. 387-414.

Fouser, R. J., "Pragmatic transfer in highly advanced learners: Some preliminary findings", Dublin: Center for Language and Communication Studies of Trinity College, 1997.

Fouser, R. J., "Too close for comfort? Sociolinguistic transfer from Japanese into Korean as an L $\geqslant$ 3", In J. Cenoz, B. Hufeisen & U. Jessner (Eds.), *Cross-linguistic Influence in Third Language Acquisition: Psycholinguistic Perspectives*, Clevedon: Multilingual Matters, 2001, pp. 149-169.

Fraser, B., Rintell, E. & Walters, J., "An approach to conducting research on the acquisition of pragmatic competence in a second language", In D. Larsen-Freeman (Ed.), *Discourse Analysis in Second Language Research*, Rowley: Newbury House, 1980, pp. 75-91.

Fukushima, S., "Request strategies in British English and Japanese", *Language Sciences*, Vol. 18, No. 3, 1996, pp. 671-688.

Gabrys-Barker, D., *Cross-linguistic Influences in Multilingual Language Acquisition*, Berlin/Heidelberg: Springer, 2012.

Gao, H., "Features of request strategies in Chinese", *Working Papers in Linguistics*, No. 47, 1999, pp. 73-86.

Garcia, C., "Apologizing in English: Politeness strategies used by native and non-native speakers", *Multilingual*, Vol. 8, No. 1, 1989, pp. 3-20.

Gass, S. & Neu, J., *Speech Acts across Cultures: Challenges to Communication in a Second Language*, Berlin: Walter de Gruyter, 2006.

Gorter, D., Zenotz, V. & Cenoz, J., *Minority Languages and Multilingual Education*, Berlin: Springer, 2016.

Grosjean, F., "The bilingual's language modes", In J. Nicol (Ed.), *One Mind, Two Languages: Bilingual Language Processing*, Oxford: Blackwell, 2001, pp. 1-22.

Hammarberg, B., "Roles of L1 and L2 in L3 production and acquisition", In J. Cenoz, B. Hufeisen & U. Jessner (Eds.), *Cross-linguistic Influence in Third Language Acquisition: Psycholinguistic Perspectives*, Clevedon: Multilingual Matters, 2001, pp. 21-41.

Hammarberg, B., *Processes in Third Language Acquisition*, Edinburgh: University of

Edinburgh, 2009.

Hammarberg, B., "The languages of the multilingual: Some conceptual and terminological issues", *International Review of Applied Linguistics*, Vol. 48, 2010, pp. 91-104.

Hassall, T., *Requests by Australian Learners of Indonesian*, Canberra: Australian National University, 1997.

Hassall, T., "Requests by Australian learners of Indonesian", *Journal of Pragmatics*, Vol. 35, No. 12, 2003, pp. 1903-1928.

Hendriks, B., "Dutch English requests: A study of request performance by Dutch learners of English", In M. Puetz & J. Aertselaer (Eds.), *Developing Contrastive Pragmatics: Interlanguage and Cross-cultural Perspectives*, Berlin: Mouton de Gruyter, 2008, pp. 335–354.

Herdina, P. & Jessner, U., "The dynamics of third language acquisition", In J. Cenoz & U. Jessner (Eds.), *English in Europe: The Acquisition of a Third Language*, Clevedon: Multilingual Matters, 2000, pp. 84-98.

Herwig, A., "Plurilingual lexical organisation: Evidence from lexical processing in L1-L2-L3-L4 translation", In J. Cenoz, B. Hufeisen & U. Jessner (Eds.), *Cross-linguistic Influence in Third Language Acquisition: Psycholinguistic Perspectives*, Clevedon: Multilingual Matters, 2001, pp. 115-137.

Hinkel, E., "Appropriateness of advice: DCT and multiple choice data", *Applied Linguistics*, Vol. 18, No. 1, 1997, pp. 1-26.

House, J. & Kasper, G., "Interlanguage pragmatics: Requesting in a foreign language", In W. Lorscher & R. Schulze (Eds.), *Perspectives on Language in Performance: Vol. 2*, Tübingen: Gunter Narr, 1987, pp. 1250-1288.

Hufeisen, B., *Handbook of Undergraduate Second Language Education*, Mahwah: Lawrence Erlbaum Associate, 2000.

Hufeisen, B., "Critical overview of research on third language acquisition and multilingualism published in the German language", *International Journal of Multilingualism*, Vol. 1, No. 2, 2004, pp. 141-154.

Jaensch, C., "L3 Enhanced feature sensitivity as a result of higher proficiency in the L2", In Y. Leung (Ed.), *Third Language Acquisition and Universal Gram-*

mar, Bristol: Multilingual Matters, 2009, pp. 115-143.

Jarvis, S., Methodological rigor in the study of transfer: Identifying L1 influence in the interlanguage lexicon, *Language Learning*, No. 50, 2000, pp. 245-309.

Jessner, U., *Linguistic Awareness in Multilinguals*, Edinburgh: Edinburgh University Press, 2006.

Jordá, M., *Third Language Learners: Pragmatics Production and Awareness*, Clevedon: Multilingual Matters, 2005.

Kasper, G., "Pragmatic transfer", *Second Language Research*, Vol. 8, No. 3, 1992, pp. 203-231.

Kasper, G., "Can pragmatic competence be taught?", *NetWork*, No. 6, 1997, pp. 105-119.

Kasper, G., "Data collection in pragmatics research", In H. Spencer-Oatey (Ed.), *Culturally Speaking: Managing Rapport Through Talk Across Cultures*, London: Continuum, 2000, pp. 316-341.

Kellerman, E., "Giving learners a break: Native language intuitions as a source of predictions about transferability", *Working Papers on Bilingualism*, No. 15, 1978, pp. 59-92.

Kellerman, E., "An eye for an eye: Crosslinguistic constraints on the development of the L2 lexicon", In E. Kellerman & M. Sharwood (Eds.), *Crosslinguistic Influence in Second Language Acquisition*, New York: Pergamon, 1986, pp. 35-48.

Kim, H., *The Role of the Learner Subjectivity and Pragmatic Transfer in the Performance of Requests by Korean ESL Learners*, Texas: Texas A & M University, 2007.

Koike, D. & Palmiere, D., "First and second language pragmatics in third language oral and written modalities", *Foreign Language Annals*, Vol. 44, No. 1, 2011, pp. 80-104.

Kwon, J., *Pragmatic Transfer and Proficiency in Refusals of Korean EFL learners*, Boston: Boston University, 2003.

Leech, G., *Principles of Pragmatics*, New York: Longman, 1983.

Lee-Wong, S., *Politeness and Face in Chinese Culture*, Frankfurt a. M.: P. Lang, 2000.

Leung, Y., "Verb morphology in second language versus third language acquisition:

The representation of regular and irregular past participles in English-Spanish and Chinese-English-Spanish interlanguages", *EUROSLA Yearbook*, Vol. 6, No. 1, 2006, pp. 27-56.

Leung, Y., *Third Language Acquisition and Universal Grammar*, Bristol: Multilingual Matters, 2009.

Li, C., *Chinese EFL Learners' Pragmatic and Discourse Transfer in the Discourse of L2 Requests*, Hong Kong: The University of Hong Kong, 2009.

Li, W., *Pragmatic Transfer by Chinese EFL Learners in Requests*, Queensland: The University of Queensland, 2009.

Llama, R., Cardoso, W. & Collins, L., "The influence of language distance and language status on the acquisition of L3 phonology", *International Journal of Multilingualism*, Vol. 7, No. 1, 2010, pp. 39-57.

Maeshiba, N., Yoshinaga, N., Kasper, G. & Ross, S., "Transfer and proficiency in interlanguage apologizing", In S. Gass & J. Neu (Eds.), *Speech Acts Across Cultures: Challenges to Communication in a Second Language*, Berlin: Mouton de Gruyter, 1996, pp. 155-187.

Mansi, J., *The Role of L1 English and L2 Hindi in L3 Spanish Acquisition: A Study of Pragmatic Transfer in Request and Apology Situations*, Austin: The University of Texas, 2009.

Miles, M. & Huberman, A., *Qualitative Data Analysis: An Expanded Sourcebook* (2 nd ed.) , California: Sage Publications, Inc., 1994.

Odlin, T., *Language Transfer: Cross-linguistic Influence in Language Learning*, Shanghai: Shanghai Foreign Language Education Press, 2001.

Olshtain, E. & Cohen, A., "Speech act behavior across language", *Transfer in Language Production*, Vol. 53, 1989, p. 67.

Onishi, H., "The effects of L2 experience on L3 perception", *International Journal of Multilingualism*, Vol. 13, No. 4, 2016, pp. 459-475.

Pinto, M. & Carvalhosa, A., "Cross-linguistic influence in third language acquisition: The case of Portuguese as a third language in Serbian students", In D. Gabrys-Barker (Ed.), *Cross-linguistic Influences in Multilingual Language Acquisition*, Heidelberg: Springer Science & Business Media, 2012, pp. 169-183.

Reiter, R., *Linguistic Politeness in Britain and Uruguay: A Contrastive Study of Requests and Apologies*, Amsterdam: John Benjamins, 2000.

Ringbom, H., "Crosslinguistic influence and the foreign language learning process", In E. Kellerman & M. Sharwood-Smith (Eds.), *Crosslinguistic Influence in Second Language Acquisition*, Oxford: Pergamon Press, 1986, pp. 150-162.

Ringbom, H., *The Role of the First Language in Foreign Language Learning*, Clevedon: Multilingual Matters, 1987.

Ringbom, H., "Lexical transfer in L3 production", In J. Cenoz, B. Hufeisen & U. Jessner (Eds.), *Cross-linguistic Influence in Third Language Acquisition: Psycholinguistic Perspectives*, Clevedon: Multilingual Matters, 2001, pp. 59-68.

Robinson, M., "Introspective methodology in interlanguage pragmatics research", In G. Kasper (Ed.), *Pragmatics of Japanese as Native and Target Language*, Honolulu, HI: University of Hawaii Press, Second Language Teaching & Curriculum Center, 1992, pp. 27-82.

Rose, K., "On the validity of discourse completion tests in non-western contexts", *Applied Linguistics*, Vol. 15, No. 1, 1994, pp. 1-14.

Rose, K., "An exploratory cross-sectional study of interlanguage pragmatic development", *Studies in Second Language Acquisition*, Vol. 22, No. 1, 2000, pp. 27-67.

Rossman, G. B. & Wilson, B. L., "Numbers and words revisited: Being 'shamelessly eclectic'", *Quality and Quantity*, Vol. 28, No. 3, 1994, pp. 315-327.

Rothman, J., "L3 syntactic transfer selectivity and typological determinacy: The typological primacy model", *Second Language Research*, Vol. 27, No. 1, 2011, pp. 107-127.

Rothman, J., "Linguistic and cognitive motivations for the Typological Primacy Model (TPM) of third language (L3) transfer: Timing of acquisition and proficiency considered", *Bilingualism: Language and Cognition*, Vol. 18, No. 2, 2015, pp. 179-190.

Sanchez, L., "L2 activation and blending in third language acquisition: Evidence of cross-linguistic influence from the L2 in a longitudinal study on the acquisition of L3 English", *Bilingualism: Language and Cognition*, Vol. 18, No. 2, 2015, pp. 252-269.

Sasaki, M., "Investigating EFL students' production of speech acts: A comparison of production questionnaires and role plays", *Journal of Pragmatics*, Vol. 30, No. 4, 1998, pp. 457-484.

Schauer, G., *Interlanguage Pragmatic Development: The Study Abroad Context*, London: Continuum, 2009.

Schmidt, R. & Frota, S., "Developing basic conversation ability in a second language: A case study of an adult learner of Portuguese", In R. Day (Ed.), *Talking to Learn: Conversation in Second Language Acquisition*, Rowley: Newbury House, 1986, pp. 237-326.

Searle, J., *A Taxonomy of Illocutionary Acts*, Trier: Linguistic Agency of University of Trier, 1976.

Selinker, L., "Language transfer", *General linguistics*, Vol. 9, No. 2, 1969, pp. 67-92.

Şimşek, S., *Third Language Acquisition: Turkish-German Bilingual Students' Acquisition of English Word Order in A German Educational Setting*, Munster: Waxmann Verlag, 2006.

Singleton, D. & O'Laoire, M., "Psychotypology and the 'L2 Factor' in cross-lexical interaction: An analysis of English and Irish influence in learner French", San Sebastian: EUROSLA Conference, 2004.

Su, I-R., "Transfer of pragmatic competences: A bi-directional perspective", *The Modern Language Journal*, Vol. 94, No. 1, 2010, pp. 87-102.

Syahri, I. & Kadarisman, A., "Pragmatic transfer in request realizations", *TEFLIN*, Vol. 18, No. 2, 2007, p. 124.

Sypiańska, J., "Multilingual acquisition of vowels in L1 Polish, L2 Danish and L3 English", *International Journal of Multilingualism*, Vol. 13, No. 4. 2016, pp. 476-495.

Takahashi, S., "Pragmatic transferability", *Studies in Second Language Acquisition*, Vol. 18, No. 2, 1996, pp. 189-223.

Takahashi, T. & Beebe, L., "The development of pragmatic competence by Japanese learners of English", *JALT Journal*, No. 8, 1987, pp. 131-155.

Takahashi, T. & Beebe, L., "Cross-linguistic influence in the speech act of correction", In G. Kasper & S. Blum-Kulka (Eds.), *Interlanguage Pragmatics*, New

York: Oxford University Press, 1993, pp. 138-157.

Tremblay, M-C., "Cross-linguistic influence in third language acquisition: The role of L2 proficiency and L2 exposure", *CLO/OPL*, No. 34, 2006, pp. 109-119.

Trosborg, A., "Apology strategies in native/non-native", *Journal of Pragmatics*, Vol. 11, No. 1, 1987, pp. 147-167.

Trosborg, A., *Interlanguage Pragmatics*, Berlin: Mouton de Gruyter, 1995.

Tsang, W., "The L3 acquisition of Cantonese reflexives", In Y. Leung (Ed.), *Third Language Acquisition and Universal Grammar*, Bristol: Multilingual Matters, 2009, pp. 192-219.

Wang, V., *Making Requests by Chinese EFL Learners*, London: John Benjamins, 2011.

Wei, L., "Activation of lemmas in the multilingual mental lexicon and transfer in third language learning", In J. Cenoz., B. Hufeisen & U. Jessner (Eds.), *The Multilingual Lexicon*, Dordrecht: Kluwer Academic Publishers, 2003, pp. 57-70.

Wei, L., "The multilingual mental lexicon and lemma transfer in third language learning", *International Journal of Multilingualism*, No. 3, 2006, pp. 88-104.

Williams, S. & Hammarberg, B., "Language switches in L3 production: Implications for a polyglot speaking model", *Applied Linguistics*, Vol. 19, No. 3, 1998, pp. 295-333.

Wolfson, N., *Perspectives: Sociolinguistics and TESOL*, New York: Newbury House, 1989.

Ytsma, J., "Trilingual primary education in Friesland", In J. Cenoz. & U. Jessner (Eds.), *English in Europe: The Acquisition of a Third Language*, Clevedon: Multilingual Matters, 2000, pp. 222-235.

Zhang, Y., "Strategies in Chinese requesting", In G. Kasper (Ed.), *Pragmatics of Chinese as Native and Target Language*, Hawaii: University of Hawaii Press, 1995, pp. 23-68.

白克力·热比古丽、闻素霞、雷志明：《维－汉－英三语者三种语言语义通达模型的实验研究》，《心理科学》2012 年第 2 期。

蔡凤珍：《L2（汉语）对新疆少数民族学生 L3（英语）习得的影响研究》，博士学位论文，东北师范大学，2012 年。

蔡凤珍、杨忠：《L2（汉语）对新疆少数民族学生 L3（英语）习得的影响研究》，《外语与外语教学》2010 年第 2 期。

蔡金亭：《中国学生英语过渡语研究》，外语教学与研究出版社 2008 年版。

曹艳春、徐世昌：《三语习得研究与少数民族双语者外语学习》，《外语研究》2014 年第 5 期。

常辉：《〈第三语言习得与普遍语法〉评述》，《外语与外语教学》2011 年第 4 期。

陈鹤：《中国德语学习者篇章写作中的词汇错误分析》，博士学位论文，北京外国语大学，2014 年。

崔占玲：《少数民族学生三语学习的心理学研究：以藏族学生为例》，暨南大学出版社 2011 年版.

崔占玲、张积家：《藏－汉－英三语者词汇与语义表征研究》，《心理科学》2009a 年第 3 期。

崔占玲、张积家：《藏－汉－英三语者语言联系模式探讨》，《心理学报》2009b 年第 3 期。

崔占玲、张积家、顾维忱：《藏－汉－英三语者言语产生的词汇选择机制》，《现代外语》2009 年第 1 期。

范琳、李绍山：《汉－英－日三语者语言产出过程中语码转换的抑制加工——基于刺激反应设置影响的研究》，《外语教学与研究》2013 年第 1 期。

冯静：《汉语进行、持续体标记习得情况考察》，硕士学位论文，复旦大学，2013 年。

龚千炎：《现代汉语的时间系统》，《世界汉语教学》1994 年第 1 期。

古米拉·阿布都热合曼：《维吾尔语—英语动词时态对比研究》，硕士学位论文，新疆大学，2012 年。

顾伟勤、秦悦、葛现茹、李茨婷：《多外语学习的语言习得原理认知规律及学习方法研究》，上海教育出版社 2011 年版。

顾晓乐：《基于恭维行为的中国英语学习者语际语用能力发展之探析》，博士学位论文，上海外国语大学，2008 年。

韩涛：《隐喻与思维：汉日英三语中的概念隐喻研究》，外语教学与研究出版社 2017 年版。

何晓军：《三语习得中的语言迁移影响——以四川藏族大学生英语词汇学习为例》，《外国语文》2014 年第 1 期。

洪岗：《语际语语用学研究》，《杭州教育学院学报》2000 年第 3 期。

卡依沙尔·艾合买提：《现代维吾尔语情状类型研究》，博士学位论文，中央民族大学，2011 年。

雷蕾：《〈三语或多语习得〉述评》，《现代外语》2010 年第 2 期。

李茨婷：《中国英语学习者使用"请求"策略的认知过程探究》，《中国外语教育》2009 年第 4 期。

李利、莫雷、王瑞明：《熟练中－英双语者三语词汇的语义通达》，《心理学报》2008 年第 5 期。

李燕、姜占好：《新时期英语专业学生语用能力调查报告及启示》，《外语教学》2014 年第 5 期。

李怡、王建华：《跨文化语用研究语料收集方法》，《绍兴文理学院学报》2013 年第 2 期。

廖开洪：《语用迁移研究的现状及发展趋势》，《暨南学报（哲学社会科学版）》2007 年第 4 期。

刘承宇、谢翠平：《〈第三语言习得中跨语言影响的心理语言学研究〉述评》，《当代语言学》2006 年第 4 期。

刘承宇、谢翠平：《外语专业学生第二外语学习中的跨语言影响研究》，《外语教学》2008 年第 1 期。

刘国辉：《英汉请求策略理论与实证对比研究》，博士学位论文，复旦大学，2003 年。

刘浩、张文忠：《外语教学研究中的伦理问题》，《现代外语》2014 年第 3 期。

刘惠萍：《维吾尔族英语学习者和汉族英语学习者请求策略语用对比研究》，博士学位论文，东北师范大学，2012 年。

刘惠萍、张绍杰：《请求策略语用对比研究——以新疆维吾尔族大学生为例》，《外语与外语教学》2012 年第 3 期。

刘全国：《三语教育与三语教学》，中国社会科学出版社 2013 年版。

刘全国、姜秋霞：《我国民族地区外语三语教学理论的本土化阐释》，《西北师大学学报（社会科学版）》2010 年第 3 期。

刘绍忠、廖凤荣：《海外汉语语用学研究：现状及启示——言语行为系列研究之一》，《外国语》2006 年第 2 期。

刘正光、曹志希：《指称意义与句法变化》，《外国语》2007 年第 2 期。

卢加伟:《语用迁移的影响因素研究述评》,《中国海洋大学学报(社会科学版)》2010 年第 2 期。

卢加伟:《国外二语语用教学研究述评》,《现代外语》2013a 年第 2 期。

卢加伟:《认知框架下的课堂语用教学对学习者二语语用能力发展的作用》,《解放军外国语学院学报》2013b 年第 1 期。

卢仁顺:《中国成年英语学习者"请求"言语行为中缓和语的语用语言发展研究》,博士学位论文,广东外语外贸大学,2007 年。

卢仁顺、夏桂兰:《语用迁移研究述略》,《东华理工学院学报(社会科学版)》2005 年第 1 期。

吕万英、罗虹:《少数民族外语教育面临的困境及对策研究》,《中南民族大学学报(人文社会科学版)》2012 年第 5 期。

倪传斌、张之胤:《三语对二语词汇识别的影响》,《外语与外语教学》2011 年第 6 期。

欧亚丽、刘承宇:《语言距离对英语作为第三语言学习的蒙古族学生语音迁移的影响》,《西安外国语大学学报》2009 年第 4 期。

彭瑶:《中国维吾尔族英语学习者请求言语行为中的语用迁移研究》,硕士学位论文,大连外国语大学,2013 年。

冉永平:《礼貌的关联论初探》,《现代外语》2002 年第 4 期。

冉永平:《缓和语的和谐取向及其人际语用功能》,《当代外语研究》2012 年第 11 期。

热比古丽·白克力、闻素霞、雷志明:《维-汉-英三语者三种语言语义通达模型的实验研究》,《心理科学》2012 第 2 期。

孙莉:《语言相似性对语音解码的语际影响——中国日语和德/法语 L2 学习者学习 L3 英语单词的差异》,《解放军外国语学院学报》2014 年第 3 期。

孙鑫、李伟:《不同三语学习者的语义通达机制对比研究》,《外语与外语教学》2014 年第 3 期。

田有兰、刘彬:《三语语用语言迁移与社交语言迁移对比研究》,《云南民族大学学报(哲学社会科学版)》2012a 年第 5 期。

田有兰、刘彬:《二语和三语背景下英语学习者的语用迁移对比研究》,《昆明理工大学学报(社会科学版)》2012b 第 3 期。

王瑞明、张洁婷、李利:《二语词汇在双语者三语词汇语义通达中的作用》,《心理科学》2010 年第 4 期。

王同顺、李海龙、张莉：《中国双语与三语学习者的句法歧义消解研究》，《外语与外语教学》2016 年第 4 期。

王晓彤：《话语补全测试的有效性研究述评》，《外语与外语教学》2009 年第 3 期。

王晓彤：《影响汉语请求言语行为的社会变量研究》，博士学位论文，东北师范大学，2012 年。

魏亚丽、彭金定：《三语习得视阈下的语言迁移研究——以维吾尔族学生英语关系从句学习为例》，《新疆社会科学》2013 年第 2 期。

文华俊：《新疆维吾尔族"民考民"学生英语学习现状调查研究》，博士学位论文，中央民族大学，2013 年。

徐庆利、蔡金亭、刘振前：《语言迁移研究近 20 年的新发展：回顾与思考》，《外语学刊》2013 年第 1 期。

杨鲁新、王素娥、常海潮、盛静：《应用语言学中的质性研究与分析》，外语教学与研究出版社 2013 版。

杨仙菊：《第二语言语用习得》，博士学位论文，上海外国语大学，2006 年。

杨仙菊：《ELF 语境下基于人种志方法的英语语用教学》，《外语与外语教学》，2015 年第 2 期。

俞东明：《什么是语用学》，上海外语教育出版社 2011 年版。

俞理明、常辉、姜孟：《语言迁移研究新视角》，上海交通大学出版社 2012 年版。

袁庆玲：《三语习得国内外研究综述》，《广东外语外贸大学学报》2010 年第 6 期。

袁晓宁：《英语动词进行体的语用理据及其理解》，《外语学刊》2002 年第 4 期。

袁晓宁：《表态性过去时及进行体礼貌功能的认知轨迹》，《外语与外语教学》2006 年第 4 期。

原一川：《少数民族学生英语学习态度和动机实证研究》，上海教育出版社 2007 年版。

原一川、钟维、吴建西等：《三语背景下云南跨境民族外语教育规划》，《云南师范大学学报（哲学社会科学版）》2013 年第 6 期。

曾嘉悌：《台湾大学生以电子邮件做书面请求语之语用能力研究》，博士学位论文，淡江大学，2011 年。

曾丽：《苗族学生在三语习得中元语言意识的发展》，博士学位论文，西南大学，2010 年。

曾丽：《儿童三语习得中元语言意识的发展对我国少数民族外语教育政策制定的启示》，《外语教学与研究》2011a 年第 5 期。

曾丽：《国外"三语习得"研究述评》，《贵州师范学院学报》2011b 年第 1 期。

曾丽：《从"三语习得"视域探讨我国少数民族地区的外语教育》，《民族教育研究》2012 年第 1 期。

曾丽、李力：《对"三语习得"作为独立研究领域的思考》，《外语与外语教学》2010 年第 2 期。

张雷、俞理明：《迁移研究的心理认知视角——心理类型与心理典型的国内外研究综述》，《当代外语研究》2012 年第 5 期。

张绍杰、王晓彤：《"请求"言语行为的对比研究》，《现代外语》1997 年第 3 期。

张贞爱、俞春喜：《北方少数民族师生三语教育认同研究——以维吾尔、蒙古、朝鲜、哈萨克族师生为例》，《民族教育研究》2012 年第 1 期。

赵娅：《汉语表示过去动作的几组句式与英语相关时态之比较》，《汉语学习》1999 年第 1 期。

赵燕：《语用迁移与二语水平关系的实证研究——以请求语为例》，硕士学位论文，西北师范大学，2009 年。

郑新民、王玉山：《如何在外语教育研究中科学地使用调查法——基于我国外语类 CSSCI 期刊文章（2008-2013 年度）的分析》，《外语电化教学》2014 年第 4 期。

朱德光：《"批评"言语行为在感知和表达两个层面上的语用迁移研究》，博士学位论文，上海外国语大学，2013 年。

朱效惠：《三语习得中语言迁移研究及其对双外语专业教学的启示》，《广东外语外贸大学学报》2008 年第 5 期。

朱效惠、赵忠德：《外语专业双外语人才培养——基于反馈调查的研究》，《外语与外语教学》2010 年第 2 期。

附　　录

附录1　三语组英文电子邮件写作任务

维吾尔族大学生英文电子邮件写作调查

****

同学，你好！

首先感谢你参加本次调查。

此次调查旨在了解维吾尔族大学生英文电子邮件中请求语的语言特征。问卷分为两部分：第一部分是基本情况调查，第二部分是基于情境的英文电子邮件写作任务，请你逐一完成，不要遗漏。你的回答没有正误之分，我们会对你填写的内容严格保密，调查所获得的数据仅用于学术研究。你在填写过程中如有任何问题，请和我联系。非常感谢你的合作与支持！

×××

×××英语学院教师

电话：×××邮箱：×××QQ：×××

****

第一部分 基本情况调查

首先我们需要了解一下你的基本情况，请在符合你情况的数字上打"√"：

1. 你的性别是：

（1）男 （2）女

2. 你目前就读于：

（1）大连医科大学 （2）大连理工大学 （3）大连海事大学

（4）其他（请注明）_____

3. 你的专业是：

（1）自然科学（包括理学、工学、医学、农学等）

（2）人文社会科学（包括哲学、经济学、管理学、法学、教育学、文学、
历史学等）

4. 你所在年级是：

（1）大一 （2）大二 （3）大三 （4）大四 （5）大五

5. 你的母语是：

（1）维吾尔语 （2）汉语 （3）其他（请注明）_____

6. 你小学就读于：

（1）民族学校 （2）汉族学校 （3）民汉合校民语班

（4）民汉合校双语班 （5）民汉合校汉语班

（6）其他（请注明）_____

7. 你初中就读于：

（1）内初班 （2）民族学校 （3）汉族学校

（4）民汉合校民语班 （5）民汉合校双语班 （6）民汉合校汉语班

（7）其他（请注明）_____

8. 你高中就读于：

（1）内地新疆高中班　　（2）区内高中班　　（3）新疆—民族学校

（4）新疆—汉族学校　　（5）新疆—民汉合校民语班

（6）新疆—民汉合校双语班　　（7）新疆—民汉合校汉语班

（8）其他（请注明）＿＿＿＿＿＿

9. 你是在哪个阶段开始学习**汉语**的？

（1）小学 1–2 年级　　（2）小学 3–4 年级　　（3）小学 5–6 年级

（4）初中　　（5）高中

10. 你是在哪个阶段开始学习**英语**的？

（1）小学 1–2 年级　　（2）小学 3–4 年级　　（3）小学 5–6 年级

（4）初中　　（5）高中

11. 在你学习英语的过程中，是否有老师用维吾尔语讲授英语的情况？

（1）是　　（2）否

12. 你认为在小学和中学阶段通过哪种语言学习英语对你更有帮助？

（1）维吾尔语　　（2）汉语　　（3）无所谓

（4）其他（请注明）＿＿＿＿＿

13. 你大学英语**四级**考试的成绩是 ＿＿＿＿＿＿。（*如有两次或两次以上成绩，以最后一次成绩为准*）

（1）≥ 600　　（2）550–599　　（3）500–549　　（4）450–499

（5）400–449　　（6）350–399　　（7）300–349　　（8）≤ 299

（9）尚未参加或已参加但成绩未出

14. 你大学英语**六级**考试的成绩是 ＿＿＿＿＿＿。（*如有两次或两次以上成绩，以最后一次成绩为准*）

（1）≥ 600　　（2）550–599　　（3）500–549　　（4）450–499

（5）400–449　　（6）350–399　　（7）300–349　　（8）≤ 299

（9）尚未参加或已参加但成绩未出

15. 你认为维吾尔语与英语、汉语与英语的相似程度如何？请在你选
择的数字上打"√"：

	完全不同	基本不同	有些不同	不确定	有些相似	基本相似	非常相似
维吾尔语和英语在语音方面相似程度	1	2	3	4	5	6	7
汉语和英语在语音方面相似程度	1	2	3	4	5	6	7
	完全不同	基本不同	有些不同	不确定	有些相似	基本相似	非常相似
维吾尔语和英语在词汇方面相似程度	1	2	3	4	5	6	7
汉语和英语在词汇方面相似程度	1	2	3	4	5	6	7
	完全不同	基本不同	有些不同	不确定	有些相似	基本相似	非常相似
维吾尔语和英语在语法结构方面相似程度	1	2	3	4	5	6	7
汉语和英语在语法结构方面相似程度	1	2	3	4	5	6	7
	完全不同	基本不同	有些不同	不确定	有些相似	基本相似	非常相似
维吾尔语和英语总体相似程度	1	2	3	4	5	6	7
汉语和英语总体相似程度	1	2	3	4	5	6	7

第二部分　英文电子邮件写作

假设你在生活中遇到下面的情境，你该如何用英文表达自己的想法？请认真阅读情境描述，根据要求用英文完成电子邮件写作任务：

情境 1

Chris Miller 是一名美国留学生，也是你们学校英语角活动的志愿者。

上学期你们经常在英语角一起聊天，虽不是多么要好的朋友，但关系还不错。这学期你选修了美国文化课，记得上学期 Chris 曾向你推荐过一个特别好的介绍美国文化的网站，你用英文发邮件请 Chris 告诉你该网站的网址。

情境 2

Jeremy Dawson 是一位美国大学生，去年曾在你们学校留学，现已回国。上学期你们俩跟着同一个教练学太极拳（Tai Chi），虽然不是多么要好的朋友，但关系还不错。目前你正在做一项中国和美国大学生创业观（view on entrepreneurship）比较的调查研究，已经设计好问卷（questionnaire），你用英文发邮件请 Jeremy 帮忙找 20 位美国本地大学生填写问卷。

情境 3

Simon Parry 是英国一所大学的老师，本学期在你们学校做客座教授，为学生开设了"英语演讲"课。你选了这门课，课上比较积极，所以老师认识你，对你印象还不错。你对英语演讲很感兴趣，但觉得自己的语音语调不够规范，想多做一些模仿练习。你给 Simon Parry 发邮件请他推荐难易程度适中的英语演讲音频或视频。

情境 4

Tony Jackson 是英国一所大学的老师，本学期在你们学校做客座教授，教你一门专业课。你在课上比较积极，所以他认识你，对你印象还不错。你们学院下学期将选送优秀学生作为交换生（exchange student）到 Tony Jackson 所在的英国大学学习，你现在正在申请这个项目，需要提供老师的推荐信，你想请 Tony Jackson 帮你写推荐信（reference letter）。你知道他非常忙，但是他的推荐信对你来说非常重要，所以你还是决定发邮件请他帮忙。

****

访谈邀请

本研究计划进行后续**访谈**。访谈将采用自愿的原则，我会选取同学们方便的时间和地点进行访谈，访谈用**汉语**完成，大约需要 **60 分钟**。如果你愿意接受我的访谈，真诚地希望你留下你的联系方式。如果能得到你的支持和帮助，我将非常荣幸！

电话：＿＿＿＿＿＿　邮箱：＿＿＿＿＿＿　其他联系方式：＿＿＿＿＿＿

附录 2　维吾尔语本族语者电子邮件写作任务

ئۆيگىۋۆرچە ئېلېكترونلۇق پوچتا خەت يوللانمسسىدىكى ياردەم سوراش تىل ھەرىكىتىنى تەكشۈرۈش

ساۋاقداش، ياخشىمۇسىز!

سىزنىڭ بۇ قېتىملىق تەكشۈرۈشكە قاتناشقانلىغىڭىزغا رەھمەت.

بۇ تەكشۈرۈش ئۇيغۇر تىلى ئېلېكترونلۇق پوچتا خەت يوللانمسسىنىڭ تىل ئالاھىدىلىكىنى تەكشۈرۈشنى مەقسەت قىلغان. ساۋاقداشلار كۆندىلىك ئۆگىنىش ۋە تۇرمۇشتا ئېلېكترونلۇق پوچتا خەت يوللانمىسى ئارقىلىق دوسلىرى ياكى ئوقۇتقۇچىلىرىدىن ياردەم سورىشى مۇمكىن، تۆۋەندىكى كۆزۈرۈنۈشنى ئەستايىدىل ئوقۇپ، ئۇيغۇر تىلى بىلەن ئېلېكترونلۇق پوچتا خەت يوللانمىسىنى تاملاڭ. سىزنىڭ جاۋابىڭىزنى توغرا-خاتالىق پەرقى ياكى شەكىل شەرتى يوق، مەن سىزنىڭ توشۈرۈپغان مەزمۇنىڭىزنىڭ مەخپىيەتلىكىنى قاتتىق ساقلايمەن، ماسلاشقىنىڭىزغا رەھمەت.

　　　　　　xxx

xxx ئىنگلىز تىلى ئىنىستتۇتى

ئېلخەت: xxx

بىرىنچى بۆلەك: شەخسى ئۇچۇر

1. سىزنىڭ جىنسىڭىز: A. ئەر　　B. ئايال

2. سىزنىڭ يېشىڭىز: ————————————

3. سىزنىڭ كەسپىڭىز: ————————————

4. سىزنىڭ مىللىتىڭىز ئۇيغۇرمۇ؟　A. ھەئە　　B. ياق

5. سىزنىڭ ئۇقۇتۇش مۇھىتىدا ئانا تىل، خەنزۇ تىلى، ئىنگلىز تىلى ئۆگىنىشنى باشلىغان ۋە ئاخىرلاشتۇرغان يېشىڭىزنى «○» بەلگىسى ئارقىلىق بەلگىلەڭ.

مەسىلەن:

1-2-3-4-5-6-7-8-9-10-11-12-13-14-15-16-17-18-19-20-21-22-23-24-25 ياش

ئانا تىل:

1-2-3-4-5-6-7-8-9-10-11-12-13-14-15-16-17-18-19-20-21-22-23-24-25 ياش

خەنزۇ تىلى:

1-2-3-4-5-6-7-8-9-10-11-12-13-14-15-16-17-18-19-20-21-22-23-24-25 ياش

ئىنگلىز تىلى:

1-2-3-4-5-6-7-8-9-10-11-12-13-14-15-16-17-18-19-20-21-22-23-24-25 ياش

ئىككىنچى بۆلەك: ئۆيگىۋۆرچە ئېلېكترونلۇق پوچتا خەت يوللانمسسىدىكى ياردەم سوراش تىل ھەرىكىتىنى تەكشۈرۈش

1- كۆزۈرۈنۈش

سىز ئۇبرشات ئالىم / مۇنىرە جۇمە بىلەن بىر ئالىي مەكتەپتە ئوقۇيسىز، ئالدىنقى ئوقۇش مەۋسۇمىدا ئىككىڭلار دائىم بىرگە تىككتاك توپ ئوينىندىڭلار، ئىككىڭلار توپ ئويناپ بولۇپ جانجان دوست بولۇپ كەتمسەڭلەرمۇ، لېكىن مۇناسىۋەتىڭلار يامان ئەمەس. يېقىندىن بۇيان سىز بىر تىككتاك توپ پالىقى سىپتۆبلىشنى ئويلاپ ئۇنىڭ تىككتاپ

توپ پالقىنىڭ يامان ئەمەسلىكى ھېس قىلدىڭىز ھەمدە ئۆزىڭ ئالدىنقى مەۋسۇم بىلله تىكتاك توپ ئويىنغاندا پالقىنى «توردىن سىتىۋالدىم» دېگەنلىكىنى ئېسىڭىزگە ئېلىپ، ئۆزىڭغا ئېلېكترونلۇق پوچتا خەت يوللاتمسى يوللاپ ساتقۇچىنىڭ ئادرېسىنى سىزگە يوللاپ بېرىشنى ئېيتتىڭىز.

2- كۆزۈرۈنۈش

ئابدۇغېنى ھاجىيوف / رېيانگۈل ئابدۇرېھىم سىزنىڭ تولۇق ئوتتۇرا مەكتەپدىشىڭىز، ھازىر مەركزى مىللەتلەر ئۇنۋېرسىتېتىدا ئوقۇيدۇ. تولۇق ئوتتۇرىدىكى ۋاقىتتا سىلەر دائىم بىرگە ۋالىبول ئويناپتىكۆلار، ئىككىڭلار جانجان دوست بولۇپ كەتمىسەڭلەرمۇ، لېكىن مۇناسىۋىتىڭلار يامان ئەمەس. سىز ھازىر ئۆيىگۈر ستۇدېنتلارنىڭ ئىشلىك تىكلىش قارىشغا قارتا تەكشۈرۈش تەقىقاتى ئېلىپ بېرىۋاتقان بولۇپ، باشقا ئالى مەكتەپتىكى ئۇيغۇر ئۆيىگۈر ئوقۇغۇچىلىرىنىڭ تەكشۈرۈشكە قاتنىشىشىغا قاتنىشىشىغا موھتاج، سىز تەكشۈرۈش سوئاللىنى ياردەمملشىپ مەركزى مىللەتلەر ئۇنۋېرسىتېتىدا 30 ئۆيىگۈر ئوقۇغۇچىنى تېپىپ تەكشۈرۈش سوئالنى تولشۇرۇپ بېرىشكە تەكلىپ قىلماقچى.

3- كۆزۈرۈنۈش

ئابدۇۋەلى ھۈسەيىن پروفېسسور سىزنىڭ خەنزۇ تىلى ئوقۇتقۇچىڭىز، سىز ئۇنىڭ دەرسدە بىر قەدەر ئاكتىپ، جانلىق بولغاچقا، ئۇ سىزنى تونۇيدۇ ھەمدە سىزگە بولغان ئنكاسمۇ ياخشى. يەنە ئىككى ئايدىن كېيىن سىز MHK ئۆچرىنچى دەرىجە ئىمتاھانغا قاتنىشسىز، سىز يازمىچە ئىبادلەش قسمىنى بىر قەدەر تەس ھېس قىلسىز، كۆپىرەك ئىبادلەش تەرەپكە ئاتىپ كونسۇلتانسىيە قىلىش ماتېربيالىنى كۆرمەكچى.سىز ئابدۇۋەلى ھۈسەيىن پروفېسسورغا ئېلېكترونلۇق پوچتا خەت يوللاتپ ئۆزىگە ماتېربيال تەۋسىيە قىلىشنى سورىدىڭىز.

4- كۆزۈرۈنۈش

يۇسۇپچان سىدىق پروفېسسور بۇ ئوقۇتۇش سىزگە بىر كەسىپى پەن دەرسى بېرىدۇ، سىز ئۇنىڭ دەرسدە بىر قەدەر ئاكتىپ، جانلىق بولغاچقا، ئۇ سىزنى تونۇيدۇ ھەمدە سىزگە بولغان ئنكاسمۇ ياخشى. سىز ھازىر مەكتەپنىڭ ئۆيىگۈر مىللى مەدەنىيتىگە مۇناسىۋەتلىك ستۇدېنتلار يېڭىلىق تۆرگە ئىلتىماس سۇنماقچى،بۇ تۆرگە ئىلتىماس سۇنۇشتا ئوقۇتقۇچىنىڭ تەۋسىيە خەتىگە كەبتىدۇ، سىز يۇسۇپچان سىدىق پروفېسسورغا سىز ئۆچۈن تەۋسىيە خەتى يازغۇزماقچى، سىز ئۇنىڭ ناھايىتى ئالدىراش ئىككىنلىكنى بىلسىز، لېكىن بۇ تەۋسىيە خەتى سىزنىڭ تۆرنى ئىلتىماس قىلىشىڭىزدا ناھايىتى مۆھىم، شۇنىڭلا ئۆچۈن سىز يەنىلا ئۇنىڭ ياردەم قىلىشىنى سوراپ ئېلېكترونلۇق پوچتا خەت يوللاپ ئەۋەتىشنى قارار قىلدىڭىز.

附录3 汉语本族语者电子邮件写作任务

汉语电子邮件请求言语行为调查

****

同学，你好！

首先感谢你参加本次调查。

此次调查旨在了解汉语电子邮件中请求语的语言特征。问卷分为两部分：第一部分是基本情况调查，第二部分是基于情境的汉语电子邮件写作，请你逐一完成，不要遗漏。你的回答没有正误之分，我会对你填写的内容严格保密，调查所获得的数据仅用于学术研究。非常感谢你的合作与支持！

×××

×××英语学院教师

电话：×××邮箱：×××QQ：×××

****

第一部分 基本情况调查

1. 性别：（1）男　　（2）女

2. 年级：（1）大一　（2）大二　（3）大三　（4）大四

3. 专业：＿＿＿＿＿＿

4. 家庭所在地：＿＿＿＿＿＿ 省 ＿＿＿＿＿＿ 市

5. 高考英语成绩：

（1）≥120　（2）110-119　（3）100-109　（4）90-99

（5）80-89　（6）70-79　（7）60-69　（8）≤59

6.大学英语**四级**考试成绩：（*如有两次或两次以上成绩，以最后一次的成绩为准*）

（1）≥600　（2）550-599　（3）500-549　（4）450-499

（5）400-449　（6）350-399　（7）300-349　（8）≤299

（9）尚未参加或已参加但成绩未出

第二部分　汉语电子邮件写作

同学们可能会在日常的学习和生活中通过电子邮件向朋友或老师提出请求，请认真阅读以下情境，用汉语完成电子邮件。

情境 1

你和王浩 / 李雪在同一所大学读书，上学期你们俩经常在一起打乒乓球，虽然不是多么要好的朋友，但关系还不错。最近你想买副乒乓球拍，觉得他 / 她的球拍很好，记得上学期一起打球的时候他 / 她曾说过球拍是在网上买的，你发邮件请他 / 她告诉你卖家的网址。

情境 2

徐海龙 / 李诗宇和你在同一个学院读书，他 / 她本学期作为交换生在英国一所大学学习。上学期你们曾在一起上过公选课，虽然不是多么要好的朋友，但关系还不错。目前你正在做一项中国和英国大学生创业观比较的调查研究，已经设计好问卷，你给徐海龙 / 李诗宇发邮件请他 / 她帮忙找 20 位英国本地大学生填写问卷。

情境 3

李志勇教授是你的英语老师，你在英语课上比较积极，所以老师认识你，对你印象还不错。再过几个月你就要参加大学英语四级考试了，你觉得写作部分对你来说比较难，想多看一些写作方面的辅导材料。你给李志勇教授发邮件请他帮忙推荐。

情境 4

张海峰教授本学期教你们一门专业课，你在他的课上比较积极，所以老师认识你，对你印象还不错。你现在要申报学校的大学生创新项目，申报这个项目需要提供老师的推荐信，你想请张海峰教授帮你写推荐信。你知道他很忙，但是他的推荐信对你来说非常重要，所以你还是决定发邮件请他帮忙。

附录 4　英语本族语者电子邮件写作任务

Questionnaire on How to Put Forward Request Through E-mail

Dear participants,

I am a teacher at × × × in China. Thank you very much for participating in my research. This research aims to investigate how native speakers of English make requests in e-mails.

The questionnaire has two parts. Please answer all the questions carefully. Your participation is of great importance to my research. All the data collected will be highly confidential and will be used for the research only.

× × ×

School of English Studies,

× × × ，China

e-mail：× × ×

Part One: Background Information

Gender：_____　Age：_____　Major：_____

Nationality：_____　Place of Birth (name of the country)：_____

Is English your first language?　☐ Yes　　☐ No

Can you speak any other language besides English? ☐ Yes   ☐ No

If yes, what other language(s) can you speak? _____

Part Two: E-mail Writing Task

In this part, you will read 4 situations. Please compose e-mails according to the situations provided. Read the description of the situation carefully and write down what you would really say if you have to write such e-mails in your real life.

Situation 1

You and David Butler/ Jennifer Hughes are studying at the same university, and have been playing tennis together quite often in the past semester. In your view, he/she is a friend but not that close. You are now considering buying a tennis racket, which is similar to what he/she has bought online. You would like to write an e-mail to him/her to inquire about the website address of the online store.

Situation 2

You and Tony Jackson / Linda Briggs are from the same university. Now he/she is studying in China as an exchange student. Last semester both of you took one course together; you are not very close friends but get along well. You are currently conducting research on student views on entrepreneurship in different countries. You have designed the questionnaire and intend to ask him/her for help to find about 20 Chinese university students to fill out the questionnaire. Please write an e-mail to him/her for asking the help.

Situation 3

Richard Fay is a senior professor of math at your university and teaches you one math unit this semester. He knows you well because you are quite active in his class. Suppose that you are now facing difficulties in mastering some of the key subject of his course (e.g. integration by parts), and you seek to have some recommendations from him on additional learning materials on that subject from him. Write an e-mail to him on this request.

Situation 4

Eric Schleef is a senior professor at your university and teaches you one course this semester. He knows you because you are active in his class. Now you are applying for a part-time job which requires reference letters. You have learned that he is quite busy but you still believe a letter from him will help you greatly on the job application. So you decided to write an e-mail to him.

附录 5　知情同意书

知情同意书

研究题目： 三语习得中的语用迁移研究

研究目的： 本研究试图发现维吾尔族英语学习者英语请求言语行为中维吾尔语、汉语语用迁移的程度，比较维吾尔语、汉语各自在语用迁移中作用大小并探讨可能存在的原因，同时分析学习者英语水平与维吾尔语、汉语语用迁移程度的关系。

匿名与保密： 访谈对象的个人信息将会被严格保密，访谈对象的名字、所在学校等个人信息在作为本项目资料进行转写和分析时，将使用匿名方式处理。研究资料（访谈录音、访谈提纲和笔记、访谈转写原始稿件等电子和纸质资料）在研究对象审核并确认无误后，由研究者妥善保存，仅研究者本人可以查阅。

访谈对象签名： ＿＿＿＿＿＿＿　　　**研究者签名：** ＿＿＿＿＿＿＿

日期： ＿＿＿ 年 ＿＿＿ 月 ＿＿＿ 日

研究者联系方式：

研究者：×××

地　址：××××××

电　话：××××××

邮　箱：××××××

附录6　访谈提纲

（一）英语学习情况

1、请介绍一下你在内高班期间的英语学习情况。
2、维语、汉语在你的英语学习中起怎样的作用？
3、（结合问卷第12题）你认为小学和中学阶段通过哪种语言学习英语更有帮助？为什么？
4、（结合问卷第15题）请**举例说明**语言间相似程度。
5、根据你的学习经历，你对维吾尔族学生的英语教学有什么建议？

（二）维语、汉语水平及使用情况

1、请介绍你在内高班前、内高班期间及大学期间维语、汉语的使用情况。
2、请评价自己的维语、汉语水平，在符合你情况的位置上打"√"。

你的维语水平

维语听力水平：O——O——O——O——O
　　　　　　　差　较差　尚可　较好　好
维语会话水平：O——O——O——O——O
　　　　　　　差　较差　尚可　较好　好
维语阅读水平：O——O——O——O——O
　　　　　　　差　较差　尚可　较好　好
维语写作水平：O——O——O——O——O
　　　　　　　差　较差　尚可　较好　好
维语综合水平：O——O——O——O——O
　　　　　　　差　较差　尚可　较好　好

你的汉语水平

汉语听力水平：O——O——O——O——O
　　　　　　　差　较差　尚可　较好　好
汉语会话水平：O——O——O——O——O
　　　　　　　差　较差　尚可　较好　好
汉语阅读水平：O——O——O——O——O
　　　　　　　差　较差　尚可　较好　好
汉语写作水平：O——O——O——O——O
　　　　　　　差　较差　尚可　较好　好
汉语综合水平：O——O——O——O——O
　　　　　　　差　较差　尚可　较好　好

（三）请求言语行为使用情况

请求策略

1、场景1中，为什么不像下面例句中那样直接询问网址？

　　e.g.

　　--I'm thinking about getting a new tennis racket—where did you get yours?

　　—... I wondered where you bought yours.

2、场景1中，你写到"..., want you to give me again."

　　场景4中，你写到"I want you to help me write a reference letter."

(1) 为什么要使用"I want you to do …"这种语言形式？

(2) 是否确信该形式的正确性？

(3) 如何理解该用法？

(4) 该形式的礼貌程度如何？

(5) 是否了解英语中该语言形式的用法？

(6) 与汉语中"我想让你/我想请你"对应吗？

3、 场景2中，你写到 "Could you help me find the United States 20 local college students to fill out the questionnaire?" 你为什么要用这种表达？其礼貌程度如何？

4、 -- I was wondering if you could recommend a helpful book or website...

-- Would it be possible for you to hand it out to 20 students and ask them to fill it out?

-- I would be very grateful if you could recommend some learning materials.

-- I would appreciate it if you could help write a reference letter.

(1) 是否学过上述表达？

(2) 是否清楚在什么情况下使用这些表达？其礼貌程度如何？

(3) 为什么你在邮件中没有使用上述表达？

内部修饰语

1、 -- Could you help me find 20 students to fill out the questionnaire?

-- Could you **possibly** help me find 20 students to fill out the questionnaire?

(1) 上面两个句子有什么区别？

(2) 是否学过这种用法？

(3) 为什么你在邮件中没有使用这种用法？

2、疑问句

A. I'm currently applying for a part-time job during studies this semester and was wondering if you could write a reference for me.

B. I'm currently applying for a part-time job during studies this semester and was wondering if you could write a reference for me?

A. I have heard you are studying abroad in China at the moment and would like to ask if it would be possible to print 20 copies of the questionnaire and ask people on your course to fill them in for me.

B. I have heard you are studying abroad in China at the moment and would like to ask if it would be possible to print 20 copies of the questionnaire and ask people on your course to fill them in for me?

(1) 上面共有两组句子，每组句子中的 A、B 有什么区别？

(2) A、B 在语气上有什么不同？哪个更为礼貌？

(3) 是否了解句尾用问号这种用法？

(4) 维语、汉语中是否有对应用法？

3、 A. **Could** you please find people to fill it [指调查问卷] in for me?

B. **Can** you please find people to fill it in for me?

A. I'm conducting some research on student views about entrepreneurship in different countries and I **wondered** whether you might be able to help me by asking 20 Chinese students to fill out my questionnaire?

B. ... and I **wonder** whether you might be able to help me by asking 20 Chinese students to fill out my questionnaire?

(1) 上面共有两组句子，每组句子中的 A、B 有什么区别？

(2) A、B 在语气上有什么不同？哪个更为礼貌？

(3) 是否学过这种用法？

(4) 维语、汉语中是否有对应用法？

4、

A. I'm currently applying for a part-time job during studies this semester and **was wondering** if you could write a reference for me?

B. I'm currently applying for a part-time job during studies this semester and **wonder** if you could write a reference for me?

(1) 上面两个句子有什么区别？

(2) 在语气上有什么不同？哪个更为礼貌？

(3) 是否学过这种用法？

(4) 维语、汉语中是否有对应用法？

外部修饰语

1、**场景 2** 中，你写到："I miss you so much Jeremy. How are you? Although you have returned home but I very miss the day in Chinese we learn Taichi which so beautiful and happy moment."

你还写到："This is so important to me and hope you can help me."

请解释一下为什么要这样写。

2、**场景 4** 中，你写到: "I am very sorry to bother you."

你还写到: "... but this project is really important to me. Please help me."

请解释一下为什么要这样写。

（四）对英语请求礼貌程度认识情况

1、请将下列句子按礼貌程度排序。

A. You'll have to move your car.

B. Would you mind moving your car?

C. Move your car.

D. I would like to ask you to move your car.

E. I'm asking you to move your car.

F. I would like you to move your car.

G. I want you to move your car.

H. We don't want any crowding (*as a request to move the car*).

I. How about moving your car?

（五）写邮件的过程

1、(1) 在读完场景后，你的反应是直接用英语表达（即用英语进行思维），还是用先维语或汉语思考，然后再将其翻译成英语？

(2) 你在用英语完成邮件的过程中，是否受维语、汉语的影响？如果是，产生了怎样的影响？请举例说明。

2、(1) 你在请求时，是否考虑礼貌的问题？如果是，决定礼貌程度因素有哪些？最重要的是哪个？

(2) 不同场景中可能用不同的请求形式，你会考虑哪些因素？你认为哪个因素最重要？

3、为加大对方答应你请求的可能性，你采用了怎样的策略？

4、用英语请求时，是否会考虑自己写的是否符合英语表达习惯？你认为在相同场景下，英语本族语是否会用不同的方式？你对自己的请求有怎样的评价？

附录7　访谈转写文稿（节选）

（以下转写稿节选自 X2/1-3）

研究者： 首先，我想了解一下你的英语学习情况，尤其是内高班期间的英语学习情况。

学　生： 好，就是我小学跟初中从来都没有接触过英语嘛，然后就是我们去高中以后就我们班有民考民的，就是有，有一部分是像我一样，就是一点都没有接触过英语，然后有些是，就是双语班的，他们是初中就除了语文是用母语上的，其他都是用汉语上，然后就是还加上英语上的，他们有一定的基础。我们就是刚上高中的时候，第一年是上预科嘛，就是我在上海上的，然后那个时候就上海教育处就是特意为新疆班编的一本书，就是从 ABCD 开始，就是从零开始的那种，然后我们就，我班主任是英语老师，她抓得也特别严。然后第一学期一开始就第一次学就总是也没学好嘛，就感觉特别难，然后有别的学生都有一定的基础，第一次考试的时候成绩也不怎么好，后面就不知道怎么的，就对学英语就产生了一种兴趣，就我自己逐渐就喜欢上了英语。然后就是，而且我们老师也，我挺喜欢我们那个老师的，然后上课我就基本上特别认真听，然后他，他每天就，每上一次课就是让我们背单词，然后背课文什么的，就单词跟课文基本上每天都有默写，然后就后面开始我就，就是为了准备默写什么的，我那个记忆能力也比较好，背东西很容易就能记住，默写什么的都能得满分。就那样逐渐好了，然后到预科第二学期的时候，我就在我们班四十个人里面，就英语水平能达到第二，有时候是第一名。上高一以后，就是跟我们新疆班是分开上的，就是不跟汉族班一起上课，然后上高一以后就是跟他们一样，就是同等的水平上同一门课。

研究者： 就是说在预科班的时候，你们是属于那种英语强化，专门针对你们维吾尔族学生，是吧？

学　生： 对对对，就是那个一般是汉族学生就是从小学开始学英语嘛。他们从小学初中学的英语，我们得用预科一年把它基本上都学完。

研究者： 你预科把他们那么长时间都学完了？

学　生： 对对对，然后就是上高一以后，就是他们学什么我们也跟他们一样就学那个上海的那个英语教材。然后就是高一、高二、高三那会儿就英语老师每天对我们要求特别严，就天天默写，让我们背课文什么的，虽然是我在那个别的汉族班里面，就是比起来的话，英语我们班每个人都赶不上他们，但是就是在我们班里或者是在我们三个新疆班里面排名的话，我基本上都能进前十名。

研究者： 那还是不错的。你刚开始的时候，就是说你刚上预科的时候，你会觉得那个时候感觉英语很难吗？

学　生： 对，那个时候我不仅是英语，我汉语也特别不好，就是我初中也没有接触过什么汉族之类的，就是初中上课的时候，也是都是由那个维吾尔族老师给我上的课，汉语也是他们上的，有时候就用维吾尔语给我们解释什么的，我从来都没有跟一个就是汉族老师或者是汉族同学就那样交流过，所以刚去的时候，别说是用英语了，就是他们用汉语上课的话我也听不懂，所以就第一学期特别难，我总是给家里打电话哭哭啼啼说我要回去，我不读了。

研究者： 真是挺不容易的。

学　生： 到后面就好了。

研究者： 刚上预科的时候，对你来说，英语很难，汉语也很难，是吧？

学　生： 对对。一开始老师是用汉语授课，然后后面逐渐逐渐就给我们用英语讲一些课堂上用的那些句子啊什么的。一开始我觉得英语学起来有点难，老师用汉语教英语嘛，那个时候我汉语也不好，听不懂老师说的话，然后后面发现其实学英语比学汉语好，好一点。

研究者： 如果我没记错的话，你应该是初中的时候才开始接触汉语对吗？

学　生： 对对对。

研究者： 小学阶段没有正式学过？

学　生： 对，没有正式的学过，小学就学过拼音。

研究者： 你上初中的时候，汉语是一周上几次呢？

学　生： 我们那儿就是初三有那个中考嘛，就是考内高班的，所以那个时候就，我们上初中开始就专门把那个内高班的学生专门分到一个班里，然后就对我们英语，反正那时候英语跟数学基本上一天三四节差不多，这样，反正挺多的。

研究者： 专门就是，是不有点类似于像强化班那种？

学　生： 对对对。

研究者： 这些学生就是将来要考内高班的那样的苗子？

学　生： 对对对。我上初中开始就把汉语就像我们高中学的英语那样，就是也是初中开始汉语就是从那个拼音开始，就然后，我们老师当时就用一个学期的时间，把小学汉语给我们教会了，然后再开始上初中。

研究者： 你刚才说就是有一个班专门针对内高班的那样的，是从初一就开始还是从初三才开始？

学　生： 从初一就开始了。

研究者： 好的。那你觉得就是维吾尔语、汉语在你的英语学习中各起怎样的作用呢？

学　生： 维吾尔语就是，我觉得要是我们维吾尔族老师给我们教英语的话，可能我觉得学起来比较容易点儿，因为有时候我发现我汉族同学就是讲英语的时候，有时候就是有 /r/，然后有 /θ/ 那种发音，他们就是说不来，就有点费劲那种，我们说那些都没问题。其实，怎么说呢，就是有些那个说法跟维吾尔语有点相似那种。

研究者：就是说，发音上你觉得维吾尔语有一些跟英语相似，对吗？

附录 8　统计原始数据及数据模型

表　　　　　　　　　　　调查对象感知的语言间相似程度

	完全不同	基本不同	有些不同	不确定	有些相似	基本相似	非常相似	整体相似度
维吾尔语和**英语**在**语音**方面相似程度	1	5	7	2	72	5	0	0.668
	1.1%	5.4%	7.6%	2.2%	78.3%	5.4%	0	
汉语和**英语**在语音方面相似程度	38	46	5	1	2	0	0	0.247
	41.3%	50%	5.4%	1.1%	2.2%	0	0	
维吾尔语和**英语**在词汇方面相似程度	3	15	5	1	67	1	0	0.610
	3.3%	16.3%	5.4%	1.1%	72.8%	1.1%	0	
汉语和**英语**在词汇方面相似程度	37	44	6	3	2	0	0	0.256
	40.2%	47.8%	6.5%	3.3%	2.2%	0	0	
维吾尔语和**英语**在**语法结构**方面相似程度	6	16	12	14	29	15	0	0.567
	6.5%	17.4%	13.0%	15.2%	31.5%	16.3%	0	
汉语和**英语**在**语法结构**方面相似程度	23	31	8	7	20	3	0	0.396
	25%	33.7%	8.7%	7.6%	21.7%	3.3%	0	
维吾尔语和**英语**总体相似程度	4	10	5	4	61	8	0	0.634
	4.3%	10.9%	5.4%	4.3%	66.3%	8.7%	0	
汉语和**英语**总体相似程度	25	42	11	7	7	0	0	0.318
	27.1%	45.7%	12.0%	7.6%	7.6%	0	0	

上表为正文部分表 4.11 的原始统计数据。两语言间相似度的数学模型为：

$$\lambda_i = \frac{1}{92 \times 7} \sum_{j=1}^{7} j \cdot x_{ij}$$

其中，x_{ij} 表示第 i（$i=1,\cdots,8$）个两语言间相似度第 j（$j=1,\cdots,7$）个相似程度的人数。j（$j=1,\cdots,7$）代表完全不同、基本不同、有些不同、不确定、有些相似、基本相似和非常相似的权重。λ_i（$i=1,\cdots,8$）表示学生感知两语言间相似度，λ_i 越接近于1，表示两语言间相似程度越高；如果越接近于0，表示两语言间相似程度越低。